TIMELY DISCLOSURE

適時開示実務入門

第3版

公認会計士
鈴木広樹 著
Suzuki Hiroki

同文舘出版

第3版　まえがき

　本書は、適時開示（証券取引所の規則による情報開示）実務の入門書であり、適時開示の基本的な考え方と実務上のポイントを解説しています。本書の対象は主に以下のような方々です。

①上場会社および上場準備会社の開示担当者
②上場会社および上場準備会社の経営者・従業員
③上場会社および上場準備会社にかかわる公認会計士

　やはりまずは①の方々です。基本的なことから丁寧に解説しているので、これから適時開示の実務に携わる方や、適時開示の実務に携わってから未だ日の浅い方にとって、特に役に立つ内容だと思います。また、適時開示の実務について体系的に解説し、重要なポイントを網羅しているため、すでに適時開示の実務の経験がある方にも役に立つはずです。

　適時開示の知識は、①の方々に限らず、②や③の方々にも必要とされます。適時開示はインサイダー取引規制と密接な関係があるため、その知識は上場会社および上場準備会社の経営者・従業員に必須です。上場会社および上場準備会社にかかわる公認会計士は、そうした会社にかかわる以上、適時開示についてもひととおり知っておく必要があるはずですが、金融商品取引法などによる情報開示には詳しくても、適時開示については実際のところあまりよく知らないのではないでしょうか。本書は、②や③の方々にも役に立つ内容だと思います。

　本書は、まず第1章で適時開示実務全般の基本を解説し、その後、第2章と第3章で実務上の重要なポイントを解説しています。とりあえず第1章を読めば、適時開示の概要とその基本的な考え方は分かるかと思います。

i

そのため、まず第 1 章を読み、第 2 章以降は、実務を行うにあたって、必要に応じて読んでいただいてもいいでしょう。

適時開示の初心者の方からすると、その実務はハードルが高いものに思われることがあるようです。東京証券取引所が発行している『会社情報適時開示ガイドブック』の 2018 年 8 月版は、B5 版でなんと 871 頁です。これから適時開示の実務に携わろうとする方がそれをみると、おそらく呆然としてしまうはずです。

しかし、適時開示の実務は決して難しいものではありません。分厚い『会社情報適時開示ガイドブック』の内容を覚える必要はまったくありません（不可能だと思いますが）。適時開示の実務において重要なのは、まず基本となる考え方をおさえることです。そうすれば、後はそれを応用してさまざまなケースに対応することが可能になります。本書でその基本となる考え方をおさえてください。

少し大げさな表現になりますが、本書が、上場会社による適正な適時開示の達成、そして、日本の証券市場の発展に多少なりとも貢献するものとなれば幸いです。

なお、本書の初版は 2014 年に発行されましたが、改訂を重ねて、今回は第 3 版となります。この第 3 版を発行するにあたっては、株式報酬に関する開示や公認会計士等の異動理由などの解説を見直しています。

最後に、本書の執筆にあたっては、初版に引き続き同文舘出版専門書編集部の青柳裕之氏に大変お世話になりました。心より感謝申し上げます。

2020 年 11 月

鈴木広樹

目　次

第 1 章　適時開示実務の基本

第 1 節　適時開示とは　2

1. 適時開示の目的　2
2. 適時開示の構成　2
   (1) 決算情報　3
   (2) 決定事実　3
   (3) 発生事実　6

第 2 節　インサイダー取引規制との関係　7

1. TDnet による開示　7
2. 適時開示とインサイダー取引規制　8
3. 情報の管理　9
4. 開示前に報道された場合　10

第 3 節　開示時期　12

1. 決定事実に関する開示　12
2. 発生事実に関する開示　12
3. 決算情報に関する開示　13
   (1) 決算短信・四半期決算短信の開示時期　13
   (2) 決算短信・四半期決算短信の開示にあたっての取締役会等における手続　16
   (3) 業績予想の修正・配当予想の修正の開示時期　17
4. 金融商品取引法による情報開示も必要な場合　17

第 4 節　開示基準　18

1. 適時開示の開示基準　18
2. 注意を要する事実　18

iii

3. 開示漏れの防止策　19
4. 包括条項に対して　20

第5節　実務の流れ　21

1. 決定事実に関する開示　21
2. 発生事実に関する開示　21
3. 決算情報に関する開示　22

第6節　開示の基本パターン　23

1. 決定事実・発生事実に関する開示　23
    (1) 開示の基本パターン　23
    (2) タイトル　24
    (3) 主文の記載　24
    (4) 記書きの構成　24
    (5) 決定した理由の記載　25
    (6) 業績への影響の記載　25
2. 決算情報に関する開示　26
    (1) 決算発表・四半期決算発表の構成　26
    (2) 業績予想の修正・配当予想の修正に関する開示の基本パターン　28
3. 開示事例の探し方　28
    (1) 適時開示情報閲覧サービス　28
    (2) 上場会社ウェブサイト　29
    (3) TDnet データベースサービス　29

第7節　不適正な開示に対する措置　30

1. 適正な適時開示を行う義務　30
2. 開示内容の変更または訂正　30
3. 注意喚起制度　31
4. 不適正な開示に対する口頭注意　32
5. 公表措置制度　32
6. 上場契約違約金制度　32

7. 改善報告書制度　32

8. 特設注意市場銘柄制度　33

コラム「ハードローとソフトロー」　36

第2章　決定事実・発生事実に関する適時開示の実務のポイント

第1節　株式の発行、自己株式の処分　38

1. 決定した理由　38
2. 第三者割当の場合　40
   (1) 加えて開示が求められる事項　40
   (2) 払込財産の確認内容　41
   (3) 払込金額の算定根拠等　42

第2節　株式の売出し、株式の分割　45

1. 株式の売出しを決定した理由　45
2. 株式の分割を決定した理由　46

第3節　資本金・準備金の減少、自己株式の取得　47

1. 開示基準　47
2. 決定した理由　47
   (1) 資本金・準備金の減少　47
   (2) 自己株式の取得　49

第4節　ストック・オプション、新株予約権付社債、譲渡制限付株式報酬　51

1. 3種類のストック・オプション　51
2. 従来型ストック・オプションの付与に関する開示　51
   (1) 従業員に対する従来型ストック・オプションの付与に関する開示　51
   (2) 決定した理由　54

v

3. 株式報酬型ストック・オプションの付与に関する開示　55

(1) 取締役に対する株式報酬型ストック・オプションの付与に関する開示　55

(2) 決定した理由　59

4. 有償ストック・オプションの付与に関する開示　60

(1) 1回目の開示　60

(2) 2回目の開示　62

5. 新株予約権付社債の発行　65

(1) 転換社債型新株予約権付社債　65

(2) 新株予約権の無償発行　65

6. 譲渡制限付株式報酬　67

(1) 取締役に対する譲渡制限付株式報酬　67

(2) 従業員に対する譲渡制限付株式報酬　70

第5節　固定資産の譲渡・取得、組織再編行為等　73

1. 開示基準　73

(1) 固定資産の譲渡・取得　73

(2) 組織再編行為等　73

2. 決定した理由　74

(1) 固定資産の譲渡・取得　74

(2) 組織再編行為等　75

① 経営資源の融合　75

② 経営資源の集約　76

③ 経営資源の集中　76

④ 経営資源の相互活用　77

(3) 公開買付け　77

① 純投資　77

② MBO　78

3. 関連会社の異動に関する開示　81

4. 公開買付けに関する開示の時期　81

第6節　代表取締役・代表執行役の異動、公認会計士等の異動 83

1. 代表取締役・代表執行役の異動に関する開示の時期　83
2. 取締役・執行役の異動に関する開示　86
3. 代表取締役・代表執行役の選定　87
4. 公認会計士等の異動を決定した理由　87
5. 「公認会計士等」と「会計監査人」　89
6. 公認会計士等の異動に関する開示の時期　90

第7節　定款の変更、機関設計の変更　91

1. 定款の変更　91
2. 機関設計の変更　91
   (1) 指名委員会等設置会社への移行を決定した理由　92
   (2) 監査等委員会設置会社への移行を決定した理由　92

第8節　臨時株主総会招集のための基準日設定　94

1. 開示の必要性　94
2. 臨時株主総会開催までの日程　96

第9節　災害に起因する損害・業務遂行の過程で生じた損害　98

1. 業務遂行の過程で生じた損害　98
2. 開示基準　99
3. 連結財務諸表には影響を及ぼさない場合　100

第10節　主要株主等の異動、親会社等の異動　101

1. 主要株主等の異動に関する開示　101
   (1) 主要株主の異動に関する開示　101
   (2) 主要株主である筆頭株主の異動に関する開示　102
2. 親会社等の異動に関する開示　103
   (1) 親会社の異動に関する開示　104
   (2) その他の関係会社の異動に関する開示　106
   (3) 親会社以外の支配株主の異動に関する開示　108

3. 開示時期　110

（1）大量保有報告書により認識する場合　110

（2）株主名簿により認識する場合　112

（3）株主からの報告により認識する場合　113

（4）増資等の実施に伴い発生する場合　115

コラム「適時開示の参考書」　118

第3章　決算情報・決算関連情報に関する適時開示の実務のポイント

第1節　決算短信・四半期決算短信　120

1. 開示前の確認事項　120

（1）求められている資料を準備できているか　120

　① サマリー情報は最新の様式を用いているか　120

　② 必要な添付資料を用意しているか　120

（2）開示資料に記載された情報は正確か　121

　① 添付資料に記載された財務諸表・四半期財務諸表の数値は正確か　121

　② 監査人による確認を受けたか　121

　③ 財務諸表・四半期財務諸表とサマリー情報が整合しているか　121

　④ 財務指標は正確か　122

　⑤ 定性的情報のなかの定量的情報は正確か　122

　⑥ 定性的情報のなかのその他の情報は正確か　122

2. 誤りやすい財務指標　122

（1）1株当たり当期純利益　123

　① 1株当たり当期純利益の計算　123

　② 期中平均株式数の計算　124

　③ 自己株式を所有している場合　125

　④ 株式分割または株式併合が行われた場合　127

（2）潜在株式調整後1株当たり当期純利益　128

　① 潜在株式調整後1株当たり当期純利益の計算　128

　② 株式増加数の計算　128

(3) 総資産経常利益率　130

(4) 自己資本当期純利益率　131

(5) 純資産配当率　131

3. 定性的情報の書き方　132

(1) 経営成績に関する分析　132

(2) 財政状態に関する分析　134

第2節　業績予想の修正　136

1. 開示基準　136

2. 予想値と実績値の差異　136

3. 業績予想を開示していない場合　137

4. 個別業績予想と上場子会社における業績予想の修正　137

5. 業績予想を開示しない場合のその後の実務　137

(1) 望ましくない実務　138

(2) 望ましい実務　140

第3節　配当予想の修正、剰余金の配当　146

1. 配当予想の修正に関する開示　146

2. 剰余金の配当に関する開示　146

コラム「開示担当者のスキルアップ」　148

資　料　適時開示の基準

1　決定事実の開示基準　151

2　発生事実の開示基準　157

3　子会社における決定事実の開示基準　161

4　子会社における発生事実の開示基準　166

5　業績予想の修正の開示基準　169

索　引　171

ix

凡　例

金融商品取引法関連	金商法	金融商品取引法
	金商法令	金融商品取引法施行令
	取引規制府令	有価証券の取引等の規制に関する内閣府令
	財務諸表等規則	財務諸表等の用語、様式及び作成方法に関する規則
	公法	公認会計士法
	公法令	公認会計士法施行令
	公法施規	公認会計士法施行規則
	会基	企業会計基準
	会基指針	企業会計基準適用指針
会社法関連	会社法	会社法
	計規	会社計算規則
東京証券取引所関連	上規	有価証券上場規程
	上施規	有価証券上場規程施行規則

x

適時開示実務入門
（第3版）

第1章

適時開示実務の基本

1 適時開示とは

1 適時開示の目的

　適時開示とは、証券取引所が、その証券市場に有価証券を上場している会社に対して、投資家の投資判断への影響が大きいと考えられる情報の開示を求めるものです。有価証券報告書や臨時報告書などのように、金融商品取引法などの法律によって義務づけられた情報開示ではなく、あくまで証券取引所の規則による点が特徴です（上規402条〜420条）。

　しかし、だからといって、法律によって求められる情報開示よりも重要性が低いというわけではありません。適時開示は投資家に対して最初に行われる重要情報の開示であり、上場有価証券の価格形成に大きな影響を及ぼします。不適正な適時開示は投資家の投資判断を歪めることとなり、そうした開示を行う会社は投資家からの信頼を得られなくなります。上場会社は、その点を念頭において適正な適時開示の達成に努める必要があります。

2 適時開示の構成

　適時開示が求められる情報は、以下の（1）決算情報、（2）決定事実、（3）発生事実の3種類に分けることができます（その構成は図表1－1を参照）。上場会社は、決算の内容が定まった場合、重要事実を決定した場合、そし

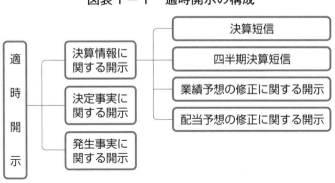

図表1-1　適時開示の構成

て、重要事実が発生した場合、速やかにそれらに関する適時開示を行わなければなりません。

本書では、まず第1章で適時開示実務全般の基本について解説した後、第2章で、決定事実と発生事実のうち重要性が高いもの（適時開示が必要となることが多く、かつ、実務上注意すべき点があるもの）を取り上げ、それらに関する適時開示の実務のポイントを解説し、第3章で決算情報と決算関連情報に関する適時開示の実務のポイントを解説します。

(1) 決算情報

決算情報や四半期決算情報のことであり、それらに関する適時開示が具体的には「決算短信」や「四半期決算短信」という形をとります。そのほかに、関連情報として、「業績予想の修正」や「配当予想の修正」も適時開示が求められます。

(2) 決定事実

会社が決定した重要事実のことです。図表1-2の「決定事実」に示したとおり（上規402条、440条1号）、増資、減資、組織再編、代表取締

第1章　適時開示実務の基本

役又は代表執行役の異動など、さまざまなものがあります。なお、自社の決定事実だけでなく、子会社の決定事実に関しても適時開示が求められます（上規403条。図表1-3参照）。

図表1-2　決定事実・発生事実の種類

決定事実	発生事実
1　株式，自己株式，新株予約権を引き受ける者の募集又は株式，新株予約権の売出し 2　発行登録及び需要状況調査の開始 3　資本金の額の減少 4　資本準備金又は利益準備金の額の減少 5　自己株式の取得 6　株式無償割当て又は新株予約権無償割当て 7　新株予約権無償割当てに係る発行登録又は需要状況調査の開始 8　株式の分割又は併合 9　剰余金の配当 10　株式交換 11　株式移転 12　合併 13　会社分割 14　事業の全部又は一部の譲渡又は譲受け 15　解散 16　新製品又は新技術の企業化 17　業務上の提携又は業務上の提携の解消 18　子会社等の異動 19　固定資産の譲渡又は取得 20　リースによる固定資産の賃貸借 21　事業の全部又は一部の休止又は廃止 22　上場廃止の申請 23　破産手続開始，再生手続開始又は再生手続開始の申立て 24　新たな事業の開始 25　公開買付け又は自己株式の公開買付け	1　災害に起因する損害又は業務遂行の過程で生じた損害 2　主要株主又は主要株主である筆頭株主の異動 3　特定有価証券又は特定有価証券に係るオプションの上場廃止の原因となる事実 4　訴訟の提起又は判決等 5　仮処分命令の申立て又は決定等 6　行政庁による法令等に基づく処分又は行政庁による法令違反に係る告発 7　支配株主の異動又は上場会社が他の会社の関連会社である場合における当該他の会社の異動 8　破産手続開始，再生手続開始，更生手続開始又は企業担保権の実行の申立て又は通告 9　手形等の不渡り又は手形交換所による取引停止処分 10　親会社等に係る破産手続開始，再生手続開始，更生手続開始又は企業担保権の実行の申立て又は通告 11　債権の取立不能又は取立遅延 12　取引先との取引停止 13　債務免除等の金融支援 14　資源の発見 15　特別支配株主が上場会社に係る株式等売渡請求を行うことについての決定をしたこと又は当該特別支配株主が当該決定に係る株式等売渡請求を行わないことを決定したこと 16　株式若しくは新株予約権の発行又は自己株式の処分の差止請求

4

適時開示とは　第1節

26 公開買付けに関する意見表明等
27 ストック・オプション等の付与
28 代表取締役又は代表執行役の異動
29 人員削減等の合理化
30 商号又は名称の変更
31 単元株式数の変更又は単元株式数の定めの廃止若しくは新設
32 事業年度の末日の変更
33 預金保険法第74条第5項の規定による申出
34 特定調停法に基づく特定調停手続による調停の申立て
35 繰上償還又は社債権者集会の招集その他上場債券に関する権利に係る重要な事項
36 普通出資の総口数の増加を伴う事項
37 公認会計士等の異動
38 継続企業の前提に関する事項の注記
39 有価証券報告書又は四半期報告書の提出延長に係る承認申請書の提出
40 株式事務代行機関への委託の取りやめ
41 内部統制に開示すべき重要な不備がある旨又は内部統制の評価結果を表明できない旨を記載する内部統制報告書の提出
42 定款の変更
43 上場無議決権株式，上場議決権付株式（複数の種類の議決権付株式を発行している会社が発行するものに限る。）又は上場優先株等（子会社連動配当株を除く。）に係る株式の内容その他のスキームの変更
44 全部取得条項付種類株式の全部の取得
45 株式等売渡請求の承認又は不承認
46 その他会社の運営，業務，財産又は上場有価証券に関する重要な事項
47 買収防衛策の導入，発動，変更又は廃止

17 株主総会の招集請求
18 有価証券の含み損
19 社債に係る期限の利益の喪失
20 上場債券に関する権利に係る重要な事実等
21 公認会計士等の異動
22 有価証券報告書又は四半期報告書の提出遅延
23 有価証券報告書又は四半期報告書の提出延長の承認
24 継続企業の前提に関する事項の監査意見の対象からの除外
25 内部統制報告書に添付される内部統制監査報告書について，「不適正意見」又は「意見を表明しない」旨が記載されることとなったこと
26 株式事務代行委託契約の解除通知の受領等
27 その他会社の運営，業務，財産又は上場有価証券に関する重要な事実

第1章

5

第1章　適時開示実務の基本

図表1－3　子会社における決定事実・発生事実の種類

子会社における決定事実	子会社における発生事実
1　株式交換 2　株式移転 3　合併 4　会社分割 5　事業の全部又は一部の譲渡又は譲受け 6　解散 7　新製品又は新技術の企業化 8　業務上の提携又は業務上の提携の解消 9　孫会社の異動を伴う株式又は持分の譲渡又は取得その他の孫会社の異動を伴う事項 10　固定資産の譲渡又は取得 11　リースによる固定資産の賃貸借 12　事業の全部又は一部の休止又は廃止 13　破産手続開始，再生手続開始又は更生手続開始の申立て 14　新たな事業の開始 15　公開買付け又は自己株式の公開買付け 16　商号又は名称の変更 17　預金保険法第74条第5項の規定による申出 18　特定調停法に基づく特定調停手続による調停の申立て 19　その他子会社の運営，業務又は財産に関する重要な事項の決定	1　災害に起因する損害又は業務遂行の過程で生じた損害 2　訴訟の提起又は判決等 3　仮処分命令の申立て又は判決等 4　行政庁による法令等に基づく処分又は行政庁による法令違反に係る告発 5　破産手続開始，再生手続開始，更生手続開始又は企業担保権の実行の申立て又は通告 6　手形等の不渡り又は手形交換所による取引停止処分 7　孫会社に係る破産手続開始，再生手続開始，更生手続開始又は企業担保権の実行の申立て又は通告 8　債権の取立不能又は取立遅延 9　取引先との取引停止 10　債務免除等の金融支援 11　資源の発見 12　その他子会社の運営，業務又は財産に関する重要な事実の発生

（3）発生事実

　会社に発生した重要事実のことです。図表1－2の「発生事実」に示したとおり（上規402条）、損害の発生、主要株主又は主要株主である筆頭株主の異動など、さまざまなものがあります。なお、これも、自社の発生事実だけでなく、子会社の発生事実に関しても適時開示が求められます（上規403条。図表1－3参照）。

6

2 インサイダー取引規制との関係

1 TDnet による開示

　有価証券報告書や臨時報告書などの金融商品取引法で求められる情報開示は EDINET（Electronic Disclosure for Investors' NETwork：金融商品取引法に基づく有価証券報告書等の開示書類に関する電子開示システム）を利用して行われますが、適時開示は TDnet（Timely Disclosure network：適時開示情報伝達システム）を利用して行うこととされています。

　TDnet とは、適時開示情報をインターネット上で掲載・閲覧できるディスクロジャー専用のシステムです。運営は東京証券取引所（以下「東証」という）ですが、ほかの証券取引所も利用しているため、すべての上場会社がこれを用いて適時開示を行っています。

　上場会社が TDnet に適時開示情報を登録すると、それが「適時開示情報閲覧サービス」に掲載されて、公衆の縦覧に供されることになります（図表１－４参照）。「適時開示情報閲覧サービス」は、証券取引所のウェブサイトなどからみることができるサイトで、それにより誰でも適時開示情報を閲覧することができます。

第 1 章　適時開示実務の基本

図表 1 － 4　TDnet による開示手続と公衆縦覧

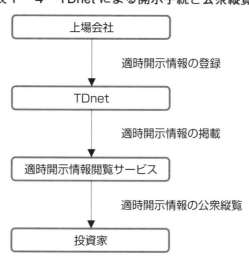

2　適時開示とインサイダー取引規制

　インサイダー（内部者）取引規制（金商法166条、167条）とは、上場会社に関する重要事実（金商法166条2項、金商法令28条、28条の2、29条、29条の2）が公表されるまでは、その重要事実を知っている者は、その会社の有価証券の取引を行ってはならないというものです。

　適時開示は、このインサイダー取引規制と密接に関係しています。適時開示が求められる情報は、前述したように決算情報、決定事実、発生事実の3種類ですが、それらは、インサイダー取引規制の対象とされる重要事実を含んでいます（図表1－5参照）。インサイダー取引規制は、その対象とされる重要事実が「適時開示情報閲覧サービス」に掲載されると（公衆の縦覧に供されると）、解除されます（金商法166条4項、167条4項、金商法令30条1項）。したがって、適時開示情報が掲載されるのも「適時開示情報閲覧サービス」ですから、適時開示を行うことによってインサイ

図表1-5　適時開示情報とインサイダー情報

図表1-6　適時開示とインサイダー取引規制の関係

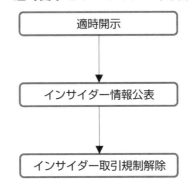

ダー取引規制が解除されることになります（図表1-6）。

その結果、上場会社が適時開示を徹底し、適切に行うことによって、インサイダー取引の発生を防ぐ、というメリットも生じるのです。

3　情報の管理

インサイダー取引の発生は、会社にマイナスの影響を及ぼすことはあっても、プラスの影響を及ぼすことは決してありません。インサイダー取引に関与した者が会社関係者であれば、なおさらです。インサイダー取引の

第 1 章　適時開示実務の基本

発生を防ぐためには、適時開示を徹底するとともに、適時開示が行われるまでの間の情報の管理を徹底する必要があります。そのための体制を整備するとともに、情報に接する者の数を可能なかぎり少なくするほか、適時開示が行われるまでの時間を可能なかぎり短くするといった対応も必要でしょう。また、インサイダー取引規制と適時開示について会社全体で認識するように、役員および従業員に対する教育も重要かと思われます。

　なお、東証は、上場会社が、適時開示が求められる会社情報について自社のウェブサイトなどの公開ディレクトリに保存するときは、TDnet によるその会社情報の開示後に行うか、または公表予定時刻よりも前においてパスワード管理などのアクセス制限を行わなければならないとしています（上規 413 条の 2）。これは、一部の上場会社において、自社のウェブサイトなどに会社情報を掲載するにあたり、正式な公表予定時刻より前に容易に外部から閲覧できる状態で自社ウェブサーバ内の公開ディレクトリにその情報を保存していた事例が問題となったからです。

4　開示前に報道された場合

　適時開示が行われる前に情報が漏れて、それがマスコミによって報道されてしまうことがあります。情報の管理を徹底して、そうした事態の発生は可能なかぎり避けなければなりませんが、もしも万が一開示前に報道されてしまった場合、どう対応したらいいのでしょうか。

　最も望ましいのは、後述する手続を踏んで、速やかに開示してしまうことです。しかし、情報が決定事実の場合、まだ具体的な内容が固まっておらず、開示するのが難しいかもしれません。そうした場合は、その時点で開示可能な内容を開示したうえで、最後に「未定の事項につきましては、決定次第お知らせいたします。」のように記載すべきでしょう。

　その時点で絶対に行ってはならないのは、「そうした事実はありません。」

10

という開示です。後に会社が報道された情報を正式に開示することになった場合、虚偽の開示（事実があるにもかかわらず、ないとする開示）を行っていたことになってしまうからです。

3 開示時期

1 決定事実に関する開示

　決定事実に関しては、機関決定後直ちに開示することとされていますが（上規402条）、実務上、どんなに遅くとも、決定した日のうちには開示しなければなりません。

　決定事実に関する開示について注意しなければならないのは、あくまで最初の機関決定後に開示しなければならないということです。例えば、株主総会での承認が必要な事実に関しては、株主総会後ではなく、取締役会で株主総会への付議を決議した時点（指名委員会等設置会社においては執行役等が、監査等委員会設置会社においては取締役（会社法399条の13第5項・第6項）が決定した時点の場合も。また、公認会計士等の異動に関しては、監査役会、監査等委員会または監査委員会で株主総会への付議を決議した時点）で開示しなければなりません。

2 発生事実に関する開示

　発生事実に関しては、発生後直ちに開示することとされていますが（上規402条）、こちらも、実務上、どんなに遅くとも、発生した日のうちには開示しなければなりません。

　発生事実に関する開示について注意しなければならないのは、発生後に

12

開示時期　第3節

開示することとされていますが、具体的には、発生を認識することができた時点で開示しなければならないということです。例えば、第三者割当による新株式発行の割当先が新たに主要株主となる場合では、その新株式発行を決定した時点で主要株主の異動に関して開示しなければなりません。実際に主要株主の異動が発生するのは株式の払込期日ですが、その時点ではなく、主要株主の異動の発生を認識することができた時点で開示しなければならない、という点にご注意ください。

3　決算情報に関する開示

（1）決算短信・四半期決算短信の開示時期

　決算短信は決算の内容が定まった後、四半期決算短信は四半期決算の内容が定まった後、直ちに開示する必要があります（上規404条）。金融商品取引法により開示が求められる有価証券報告書や四半期報告書と異なり、何日以内に開示しなければならないというように開示期限が明確なものにされていません。

　ただし、東証では、決算短信については、期末後45日以内での開示が適当で、30日以内（期末が月末の場合は翌月内）での開示がより望ましく、50日以内に開示を行わない場合、「行わない理由」および「翌年以降の開示時期についての計画と見込み」を開示する必要があるとしています。

　また、四半期決算短信については、四半期報告書を四半期末後45日以内に提出しなければならないため（金商法24条の4の7第1項、金商法令4条の2の10第3項）、遅くとも四半期報告書の提出までには開示しなければならないと考えられています。

　そこでポイントとなるのが、どの時点で決算または四半期決算の内容が定まったものと考えて開示したらいいのかです。

　決算短信に掲載される財務諸表は、金融商品取引法上の監査手続の対象

13

第1章　適時開示実務の基本

ではありませんし、四半期決算短信に掲載される四半期財務諸表も、金融商品取引法上の四半期レビュー手続の対象ではありません。そのため、決算短信または四半期決算短信の開示にあたって、監査手続または四半期レビュー手続が終了している必要はありません。

　しかし、有価証券報告書に掲載される財務諸表と決算短信に掲載される財務諸表、四半期報告書に掲載される四半期財務諸表と四半期決算短信に掲載される四半期財務諸表、いずれも当然同じものでなければなりません（少なくとも投資家の投資判断に影響を与えるような相違があってはならない）。もしも異なっていた場合には、投資家の投資判断を誤らせることになりますし、決算短信または四半期決算短信を訂正する必要が生じます（上規416条1項・2項）。

　そのため、①決算の内容が定まった時点は、有価証券報告書に掲載される財務諸表と同じものを掲載できるようになったと判断できた時点と、②四半期決算の内容が定まった時点は、四半期報告書に掲載される四半期財務諸表と同じものを掲載できるようになったと判断できた時点と、考える必要があります。

　具体的には、①決算の内容が定まった時点は、期末後、監査法人または公認会計士による監査手続が終了する前であっても、決算短信に掲載される財務諸表について監査法人または公認会計士による確認を受けたうえで、監査法人または公認会計士との間で意見の相違がなく、監査手続の結果、決算短信を訂正することはないだろうと判断できた時点と、②四半期決算の内容が定まった時点は、四半期決算後、監査法人または公認会計士による四半期レビュー手続が終了する前であっても、四半期決算短信に掲載される四半期財務諸表について監査法人または公認会計士による確認を受けたうえで、監査法人または公認会計士との間で意見の相違がなく、四半期レビュー手続の結果、四半期決算短信を訂正することはないだろうと判断できた時点と、考えます（図表1-7参照）。

14

開示時期　第3節

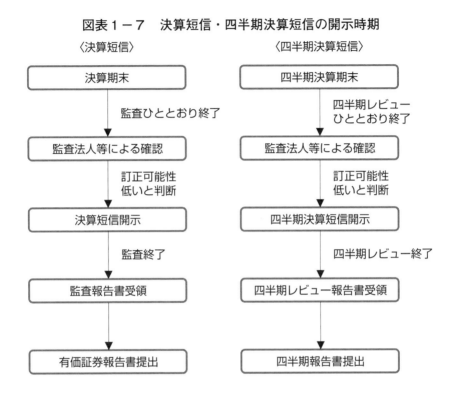

図表1-7　決算短信・四半期決算短信の開示時期

　もしも監査法人または公認会計士が決算短信または四半期決算短信の確認に対して難色を示した場合には、「誤りのある決算短信（または四半期決算短信）を開示して、投資家の投資判断を誤らせることは避けたいし、決算短信（または四半期決算短信）の訂正開示も避けたい。そのため、決算短信（または四半期決算短信）の開示にあたって、自社とそちらの間で意見の相違（少なくとも大きな相違）が生じていないことを確認したい」といった旨を主張すべきでしょう。

　なお、投資家の投資判断を誤らせるおそれがない場合、決算短信の添付資料の中の「連結財務諸表及び主な注記」は決算短信よりも後に、四半期決算短信の添付資料のなかの「四半期連結財務諸表及び主な注記」は四半

第 1 章　適時開示実務の基本

期決算短信よりも後に開示することが可能とされており、そのようにした場合、決算短信または四半期決算短信の添付資料には、企業の状態を適切に理解するために有用な数値情報など、投資家が必要とする財務情報を代わりに記載することとされています。そして、準備が整い次第直ちに「連結財務諸表及び主な注記」または「四半期連結財務諸表及び主な注記」を開示します。

　しかし、連結財務諸表または四半期連結財務諸表を開示しなくても「投資家の投資判断を誤らせるおそれがない場合」とはどのような場合なのか、解釈が難しいかと思われますし、連結財務諸表または四半期連結財務諸表を後で開示することに対して否定的な意見をもつ投資家も存在します（東証実施のパブリック・コメントの結果）。そのため、後で開示するのではなく、やはり決算短信または四半期決算短信の添付資料に含めて開示すべきでしょう。

（2）決算短信・四半期決算短信の開示にあたっての取締役会等における手続

　会社法上の計算書類は、株主総会に提出するにあたって、会計監査人と監査役（指名委員会等設置会社の場合は監査委員会、監査等委員会設置会社の場合は監査等委員会）による監査（会社法 436 条 2 項 1 号）と、取締役会による承認（会社法 436 条 3 項）が必要となります。それに対して、決算短信と四半期決算短信の開示にあたっては、特にそうした機関手続が必要というわけではありません。

　会社法により開示が求められている資料ではないため当然ですが、決算短信と四半期決算短信の重要性を踏まえると、実際には計算書類と同様の手続を経たうえで開示すべきでしょう（監査法人または公認会計士＝会計監査人による確認を受けたうえで開示する理由については、上述のとおり）。

16

開示時期　第3節

（3）業績予想の修正・配当予想の修正の開示時期

　決算関連情報である業績予想の修正と配当予想の修正に関しては、決定事実と同様に機関決定後直ちに開示しなければならないと考えます。それらについては、通常、取締役会等の承認を経るはずですから、その承認が行われ次第開示します。

4　金融商品取引法による情報開示も必要な場合

　決定事実や発生事実に関する適時開示とともに、有価証券届出書や臨時報告書などの金融商品取引法による情報開示も必要とされる場合は、適時開示と金融商品取引法による情報開示を同時に行うようにします。ただし、詳しくは後述しますが、公開買付けに関する開示は例外で、公開買付届出書よりも先に適時開示を行います。

　なお、TDnetへの情報登録とEDINETへの情報登録を同じ端末で行っている場合、どちらを先に行ったらいいのかという質問を受けたことがあるのですが、これはどちらが先でも構いません。時間を空けずに続けて行えば、問題ありません。

17

4 開示基準

1 適時開示の開示基準

　決定事実と発生事実のなかには開示基準が定められているものがあります（上施規401条～404条）。決算関連情報である業績予想の修正にも開示基準が定められています（上施規407条）。開示基準に達しないものは、投資家の投資判断への影響が軽微であるため、開示しなくてもよいとされているのです。

　実務上、決定事実と発生事実、そして、業績予想の修正については、その開示基準を確認し、それに該当すれば（開示基準が複数ある場合は、それらのいずれかに該当すれば）、適時開示の準備を行うことになります。開示基準につきましては、本書の最後に一覧表にまとめて掲載してありますので確認してください。

2 注意を要する事実

　決定事実と発生事実のなかには、開示基準が定められておらず、すべて適時開示が求められるものがあります。それらに関しては、規模が小さく、投資家の投資判断への影響が軽微であると思われる場合、誤って適時開示は不要と判断してしまうことがあるため、注意が必要です（特に、資本金の額の減少、資本準備金または利益準備金の額の減少、自己株式の取得、

18

開示基準　第4節

株式交換、合併、会社分割、公開買付けまたは自己株式の公開買付け、ストック・オプションの付与など)。

　また、経営成績や財政状態が思わしくない会社の場合、開示基準が定められているものに関しても、誤って適時開示は不要と判断してしまうことがあるため、注意が必要です（特に、固定資産の譲渡・取得、災害に起因する損害または業務遂行の過程で生じた損害など)。なぜかというと、開示基準は資産や利益の額の○○％以上といった形で定められているため、そうした会社の場合、規模が小さく、投資家の投資判断への影響が軽微であると思われるようなものでも、開示基準に該当し、適時開示が必要になってしまうからです。

3　開示漏れの防止策

　決定事実に関する開示の漏れ（適時開示が必要な事実に気づかず、それに関する適時開示を行わないこと）を防止するために、適時開示が必要な決定事実（開示基準に該当するもの）は取締役会決議等の機関決定を経るようにしておく必要があります。適時開示が必要な決定事実について、軽微であると考えて、機関決定は不要としていたために、適時開示が漏れてしまうことがあるからです。

　また、発生事実に関する開示の漏れを防止するためには、適時開示が必要な発生事実（開示基準に該当するもの）が開示担当者に伝達される体制を整備しておかなければなりません。そうした体制を整備するにあたっては、当然、会社全体で適時開示が必要な発生事実について認識しておくようにする必要があります。

19

第 1 章　適時開示実務の基本

4　包括条項に対して

　包括（バスケット）条項とは、適時開示が必要な決定事実・発生事実として個別列挙されていないものの、重要性が高いため適時開示が必要とされるものです（上規 402 条 1 号 ap・2 号 x、403 条 1 号 s・2 号 l）。図表 1－2 の決定事実 46、発生事実 27、図表 1－3 の子会社における決定事実 19、子会社における発生事実 12 が、それにあたります。

　包括条項に該当する事実としては、さまざまなものが考えられますが、よく開示されるのは、規模の大きな借入れや普通社債の発行、組織体制の変更などです。包括条項については、個別列挙されておらず、また、開示基準も定められていないため（証券取引所は目安となる基準を示しているが、絶対的なものではなく、それに該当しなくても、開示が必要とされる場合がある）、何がこれに該当して開示すべきかを判断するのは難しいかと思われますが、判断に迷うようであれば、開示すべきでしょう。

　なお、最近、包括条項として開示されるものに業績連動型株式報酬制度（会社が信託を設定し、それを通じて役員に対して自社株式を交付する制度）の導入がありますが、この業績連動型株式報酬は、対象となる役員にとって、株式報酬型ストック・オプション（第 2 章第 4 節 3 参照）と同様の性質のものであるといえるため、ストック・オプションの付与に関する適時開示の必要性を定めた規程[1]に該当する可能性があります。そのため、現在のところ、業績連動型株式報酬制度の導入は、適時開示が必要な決定事実として個別列挙されていませんが、それを決定した場合は開示が必要であると考えるべきでしょう[2]。

▶1　「上場会社又はその子会社等の役員又は従業員に対する新株予約権の発行その他のストック・オプションと認められるものの付与又は株式の発行」を行うことについて決定した場合に、それに関する適時開示が必要であるとされている（上規 402 条 1 号 z）。
▶2　会社が設定した信託の受託者に対して株式の発行または自己株式の処分を行う場合は、株式の発行または自己株式の処分として適時開示が必要とされる（上規 402 条 1 号 a）。

5 実務の流れ

第1章

1 決定事実に関する開示

　前述のとおり、決定事実に関しては、機関決定後直ちに開示しなければなりません（上規402条）。決定事実に関する開示の実務において、まず認識しておかなければならないのは、機関決定後直ちに開示しなければならないため、取締役会等が終了した後に開示資料の作成に取りかかったのでは遅いということです。開示資料は事前に準備しておいて、取締役会等が終了した後、直ちに開示できるようにしておかなければならないのです（通常、取締役会等には開示資料も配布される）。

　そのため、開示担当者は、取締役会等の予定を確認して、適時開示が必要な決定事実の有無を確認します。そして、適時開示が必要な決定事実がある場合は、取締役会等の開催前に開示資料を作成しておいて、取締役会等が終了した後、直ちに開示するようにします（図表1－8参照）。

2 発生事実に関する開示

　開示担当者は、適時開示が必要な発生事実を確認した場合（発生したこと、あるいは発生する見込みがあることを確認した場合）、まず開示資料を作成します。そして、会社によって異なるかと思いますが、通常、取締役会等における承認を得た後、直ちに開示します。なお、開示担当者が発

21

第1章　適時開示実務の基本

図表1－8　決定事実に関する開示の実務の流れ

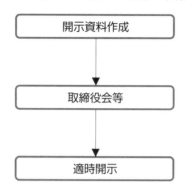

生事実を確認するにあたっては、それが速やかに開示担当者に伝達される体制を整備しておく必要があります。

3 決算情報に関する開示

　決算関連情報である業績予想の修正と配当予想の修正については、決定事実に関する開示と同様に考えます。業績予想の修正と配当予想の修正については、通常、取締役会等の承認を経るはずですから、開示担当者は、取締役会等の予定を確認して、それらが付議される場合、取締役会等の開催前に開示資料を作成しておいて、取締役会等が終了した後、直ちに開示するようにします。

　決算短信と四半期決算短信については、「3 開示時期」で述べたとおりです。期末後、開示資料を作成して、監査法人または公認会計士による確認を受けたうえで、訂正することはないだろうと判断することができた時点で開示します。なお、会社法により開示が求められている資料ではないため必須ではありませんが、通常、取締役会等の承認を経たうえで開示します。

6 開示の基本パターン

第1章

1 決定事実・発生事実に関する開示

（1）開示の基本パターン

　決定事実・発生事実に関する開示の基本パターンは、図表1-9のとおり、一般的なビジネス上の報告文書と同じです。「Aに関するお知らせ」がタイトル、Bが主文、そして、Cが記書きです。

　なお、おそらく社内の多くの方が開示資料を確認して加筆修正を行うためだと思いますが、たまに記書きの「記」と最後の「以上」がない開示資

図表1-9　決定事実・発生事実に関する開示の基本パターン

各位	○○年○月○日
	会社名
	代表者名
	問合せ先
	役職・氏名
	電話

Aに関するお知らせ

B

記

C

以上

23

第1章　適時開示実務の基本

料があります。それらがないために何か問題が生じることはありませんが、見栄えのよい開示資料とはいえませんので、注意が必要です。

（2）タイトル

タイトルの「Aに関するお知らせ」のAには、決定事実と発生事実の名称を入れます。例えば、「第三者割当による新株式発行に関するお知らせ」や「主要株主の異動に関するお知らせ」などのようになります。

（3）主文の記載

Bの主文の記載は、決定事実に関する開示と発生事実に関する開示とで異なります。

決定事実に関する開示の場合は、「当社は、○○年○月○日開催の取締役会において、Aに関して、下記のとおり決議いたしましたので、お知らせいたします。」となります。取締役会が開催された日付「○○年○月○日」は、前述のとおり、開示日と同日でなければなりません。なお、これは監査役設置会社の場合で、指名委員会等設置会社の場合は、取締役会による決議ではなく、執行役等による決定と、監査等委員会設置会社の場合も取締役（会社法399条の13第5項・第6項）による決定となることがあります。

発生事実に関する開示の場合は、「下記のとおりAが発生しましたので、お知らせいたします。」あるいは「下記のとおりAの発生が見込まれることになりましたので、お知らせいたします。」となります。発生が開示日よりも後になる場合は、後者になります。前述のとおり、発生事実に関しては、発生を認識することができた時点で開示しなければなりません。

（4）記書きの構成

Cの記書きの内容は、何に関する開示かによってさまざまですが、その

24

開示の基本パターン　第6節

基本的な構成は、決定事実に関する開示の場合、①決定した理由、②決定事実の内容、③業績への影響、発生事実に関する開示の場合、①発生した経緯、②発生事実の内容、③業績への影響、となります（上施規402条の2第1項）。

（5）決定した理由の記載

　決定事実に関する開示においては、決定した理由をどのように記載するかが最も重要であるといえます。その記載が、投資家による決定事実に対する評価を左右するからです。決定事実が会社の成長にプラスの影響を与えるものであることを投資家に理解してもらわなければなりません。決定した理由の記載がわかりにくいと、会社は意義のある決定だと思っても、投資家には意義のない決定だと思われてしまうおそれがあります。

（6）業績への影響の記載

　業績への影響は、決定事実に関する開示と発生事実に関する開示のいずれにも記載しますが、同時に業績予想の修正に関する開示を行わなければならない場合（業績への影響額が明らかで、それが業績予想の修正の開示基準に該当する場合）以外は、ここで業績への具体的な影響額を記載することはしません。

　業績への影響が大きくない場合は、「業績への影響は軽微であり、既に公表している業績の見通しに変更はありません。」のように記載します。また、業績への影響がある程度あると思われても、具体的な影響額が明らかでない場合は、「業績の向上が期待されますが、現時点では具体的な影響は不明であり、判明次第お知らせいたします。」のように記載します。そして、業績への具体的な影響額が明らかになったときに、業績予想の修正の開示基準に該当する場合は、それに関する開示を行い、そうでない場合は、決算短信等において業績への影響について触れるようにします。

25

第1章　適時開示実務の基本

2　決算情報に関する開示

（1）決算発表・四半期決算発表の構成

　東証が上場会社に対して求めている決算発表と四半期決算発表の基本的な構成は、図表1−10と図表1−11のとおりです。決算短信と四半期決算短信は、いずれもサマリー情報と添付資料から構成されます。

　東証は、上場会社に対して、サマリー情報の参考様式を提示し、その使用を要請しています。それには、業績（決算短信の場合、当期の経営成績、財政状態、キャッシュ・フローの状況、四半期決算短信の場合、四半期の経営成績（累計）と財政状態）、配当の状況などを記載することとされています。

　東証が提示するサマリー情報の様式の使用は義務とされていないため、上場会社は、一応、サマリー情報を自由な様式により開示することができます。しかし、東証により提示された様式と異なる内容とする場合は、投資家から開示の後退と受け取られることのないように注意する必要があります。

　また、添付資料の記載も、上場会社自身の判断に委ねられる部分が多いのですが、投資家の投資判断に資するように、経営成績、財政状態、キャッシュ・フローの状況の変動要因について十分な記載を心がける必要があります（第3節で述べたとおり、「連結財務諸表及び主な注記」と「四半期連結財務諸表及び主な注記」も、添付資料に含めて開示すべき）。

　最後に、ここで注意すべきは、東証が上場会社に対して求めている決算発表と四半期決算発表は、そうした決算短信と四半期決算短信だけではない、という点です。東証では、決算短信と四半期決算短信以外にも、決算補足説明資料の作成や投資家への説明機会の確保など、投資家ニーズを踏まえた追加的かつ広範な対応を求めています。

26

開示の基本パターン　第6節

図表1−10　決算発表の基本的な構成

決算短信	サマリー情報	東証は参考様式の使用を要請
	添付資料	・**経営成績等の概況** 　・当期の経営成績・財政状態の概況 　・今後の見通し 　・継続企業の前提に関する重要事象等 ・**会計基準の選択に関する基本的な考え方** ・**連結財務諸表及び主な注記** 　・連結財務諸表 　・継続企業の前提に関する注記 　・会計方針の変更・会計上の見積りの変更・修正再表示 　・セグメント情報、1株当たり情報、重要な後発事象（連結財務諸表非作成会社（日本基準）に対しては、「持分法損益等」の開示も要請）
決算短信以外		**投資家ニーズを踏まえた対応（具体例）** ・通期決算の補足説明資料の作成 ・通期決算の説明会・電話会議（カンファレンス・コール）の開催など説明機会の確保 ・上記説明会・電話会議の状況説明や動画・音声情報の提供 ・決算短信や補足説明資料の英訳、英訳情報の提供、海外向け説明会の開催　等

（注）連結財務諸表作成会社（日本基準）を念頭においた構成であり、連結財務諸表非作成会社（日本基準）、IFRS適用会社、米国基準適用会社は、これに準じる。

図表1−11　四半期決算発表の基本的な構成

四半期決算短信	サマリー情報	東証は参考様式の使用を要請
	添付資料	・**四半期連結財務諸表及び主な注記** 　・四半期連結財務諸表 　・継続企業の前提に関する注記 　・株主資本の金額に著しい変動があった場合の注記 　・四半期連結財務諸表の作成に特有の会計処理の適用 　・会計方針の変更・会計上の見積りの変更・修正再表示 ・**継続企業の前提に関する重要事象等**
四半期決算短信以外		**投資家ニーズを踏まえた対応（具体例）** ・四半期決算の補足説明資料の作成 ・四半期決算の説明会・電話会議（カンファレンス・コール）の開催など説明機会の確保 ・上記説明会・電話会議の状況説明や動画・音声情報の提供 ・四半期決算短信や補足説明資料の英訳、英訳情報の提供、海外向け説明会の開催　等

（注）連結財務諸表作成会社（日本基準）を念頭においた構成であり、連結財務諸表非作成会社（日本基準）、IFRS適用会社、米国基準適用会社は、これに準じる。

第1章　適時開示実務の基本

（2）業績予想の修正・配当予想の修正に関する開示の基本パターン

　業績予想の修正・配当予想の修正に関する開示の基本パターンは、決定事実に関する開示のものとほぼ同じです。

　まずタイトルは、業績予想の修正に関する開示であれば、「業績予想の修正に関するお知らせ」、配当予想の修正に関する開示であれば、「配当予想の修正に関するお知らせ」のようになります。

　次に主文の記載は、業績予想の修正に関する開示であれば、「当社は、○○年○月○日開催の取締役会において、○○年○月○日に公表した○○年○月期の業績予想を修正することに関して、下記のとおり決議いたしましたので、お知らせいたします。」、配当予想の修正に関する開示であれば、「当社は、○○年○月○日開催の取締役会において、○○年○月○日に公表した○○年○月期の配当予想を修正することに関して、下記のとおり決議いたしましたので、お知らせいたします。」のようになります。

　ただし、記書きの構成は少し異なり、①修正の理由、②修正の内容、となり、業績への影響は記載しません。当然ですが、業績予想と配当予想の修正自体が、ある事実や状況の業績への影響の結果だからです。なお、決定事実に関する開示と同様に、ここでは修正の理由をどのように記載するかが重要になります。特に下方修正の場合は、詳細な記載が求められます。

3　開示事例の探し方

（1）適時開示情報閲覧サービス

　実際に開示資料を作成する際、表現などについて他社の開示事例を参考にしたいと思われるでしょう。それでは、どこで他社の開示事例を探せばよいのでしょうか。

　まずは適時開示情報閲覧サービスです（「2　インサイダー取引規制との関係」7〜8ページ参照。）。そこでは、開示日を含めて31日間に開示さ

開示の基本パターン　第6節

れた適時開示をみることができ、開示日、会社名、会社コード、表題による検索が可能です。

（2）上場会社ウェブサイト

　他社の開示事例には、会社によって参考にすべきものとそうでないものとがあります。適時開示情報閲覧サービスでは、参考にすべき開示事例を見つけられない可能性があります。そこで、他社のウェブサイトで開示事例を探すという方法も考えられます。

　ほとんどの上場会社は、自社のウェブサイトにも適時開示を掲載しています。そのため、適切な情報開示を行っていると思われる会社（情報開示について表彰を受けたことがある会社など）のウェブサイトをみると、参考にすべき開示事例を見つけられるかもしれません。

（3）TDnet データベースサービス

　（1）と（2）の方法は無料ですが、必ずしも探している開示事例を見つけられるとはかぎりません。探している開示事例をほぼ確実に見つける方法としては、有料ですが、TDnet データベースサービスの利用があります。

　TDnet データベースサービスとは、東証が運営している適時開示の検索サービスで、これを利用すると、過去5年間に開示された適時開示のなかから検索できるうえ、開示日時、会社名、会社コード、公開項目、業種、上場市場などによる検索も可能になります。

不適正な開示に対する措置

1 適正な適時開示を行う義務

　上場会社は適正な適時開示の達成に努めなければなりません。不適正な適時開示は投資家の投資判断を歪めることになります。東証も、上場会社は、投資家への適時、適切な会社情報の開示が健全な金融商品市場の根幹をなすものであることを十分に認識し、常に投資家の視点に立った迅速、正確かつ公平な会社情報の開示を徹底するなど、誠実な業務遂行に努めなければならないとしています（上規401条）。そして、東証は、不適正な適時開示を行った上場会社に対するさまざまな措置を定めています。

2 開示内容の変更または訂正

　開示した内容について変更または訂正すべき事情が生じた場合、上場会社は直ちにその変更または訂正の内容を開示しなければならないとされています（上規416条）。

　ただし、決算短信または四半期決算短信を開示した後、有価証券報告書または四半期報告書との差異が生じるなど、有価証券報告書または四半期報告書の提出前に変更または訂正すべき事情が生じた場合は、有価証券報告書または四半期報告書の提出後遅滞なくその変更または訂正の内容を開示すればよいこととされています（上規416条2項）。つまり原則は「直ちに」

不適正な開示に対する措置　第7節

ですが、例外として「提出後遅滞なく」という時間的猶予が認められています。しかし、その場合であっても、投資家の投資判断上重要な変更または訂正である場合と東証が認めたものについては除外されます。

3 注意喚起制度

上場会社に対する措置ではありませんが、東証は、以下の①または②のいずれかに該当する場合であって、その周知を必要と認めるとき、投資家に対して注意喚起を行うことができるとしています（東証・業務規程30条）。

①有価証券またはその発行者等に関し、投資家の投資判断に重要な影響を与えるおそれがあると認められる情報が生じている場合で、当該情報の内容が不明確であるとき

②その他有価証券またはその発行者等の情報に関して、注意を要すると認められる情報があるとき

この注意喚起の対象とされる場合としては、主に適時開示が行われる前にその情報がマスコミによって報道されたような場合が想定されています。決定事実に関する適時開示は機関決定後に行われますが、機関決定前にその情報が漏れて、マスコミによって報道されてしまうことがあります。そうした場合、上場会社による適切な開示（報道によって投資家に生じている憶測を解消する開示）が行われなければ、東証は投資家に対して注意喚起を行うというのです（開示前に報道された場合の実務上の留意点については、第2節の「4．開示前に報道された場合」を参照）。

31

第1章　適時開示実務の基本

4　不適正な開示に対する口頭注意

　上場会社が適時開示に係る規定に抵触したと認められる場合、東証の担当者がその上場会社に対して注意喚起のための口頭注意を行います。東証では、適時開示に対する意識の向上を図るため、口頭注意の件数を公表しています（口頭注意を行った上場会社名は公表しない）。

5　公表措置制度

　東証は、口頭注意を行った上場会社名は公表しませんが、上場会社が適時開示に係る規定に違反したと認め、必要と認める場合、そのことについて公表することができるとしています（上規508条1項1号）。

6　上場契約違約金制度

　東証は、上場会社が適時開示に係る規定に違反したと認め、株式市場に対する株主および投資家の信頼を毀損したと認めた場合、その上場会社に対して上場契約違約金（年間上場料に20を乗じた額）の支払いを求めることができるとしています（上規509条1項1号、上施規504条1号）。なお、その場合、そのことについて公表されます。

7　改善報告書制度

　東証は、上場会社が適時開示に係る規定に違反したと認め、改善の必要性が高いと認めた場合、その上場会社に対して、その経緯および改善措置を記載した改善報告書の提出を求めることができるとしています（上規502条1項1号）。

32

不適正な開示に対する措置　第7節

改善報告書を提出した上場会社は、提出から6ヵ月経過後速やかに、改善措置の実施状況および運用状況を記載した改善状況報告書を提出する必要があります（上規503条1項）。

提出された改善報告書と改善状況報告書は公衆の縦覧に供せられます（上規502条4項、503条4項）。東証は、改善報告書の徴求を決定した際、そして、提出された改善報告書と改善状況報告書を公衆の縦覧に供する際、そのことについて公表します。

なお、改善報告書を提出しない場合、また、改善報告書の提出を求めたにもかかわらず、会社情報の開示の状況等が改善される見込みがないと東証が認めた場合、上場契約に関する重大な違反であるとして、上場が廃止されることになります（上規601条1項12号、上施規601条10項1号・2号）。

8 特設注意市場銘柄制度

東証は、①上場会社が会社情報の適時開示等に係る規定に違反したと認め、その上場会社の内部管理体制等の改善の必要性が高いと認めた場合と、②上場会社が改善報告書を提出したものの、改善措置の実施状況および運用状況に改善が認められず、その上場会社の内部管理体制等について改善の必要性が高いと認めた場合、特設注意市場銘柄に指定することができるとしています（上規501条1項3号・5号）。

なお、東証は、適時開示と直接関係はありませんが、それら以外にも以下の①から③までのいずれかに該当した場合も、特設注意市場銘柄に指定することができるとしています（上規501条1項1号・2号・4号）。

①上場会社が有価証券報告書等における虚偽記載または不適正意見等により上場廃止になるおそれがあると認めた後、上場廃止にはならないと認めた場合で、かつ、その上場会社の内部管理体制等について改善

33

第 1 章　適時開示実務の基本

の必要性が高いと認められるとき
②上場会社が有価証券報告書等に虚偽記載を行ったまたは不適正意見等
　を付された場合であって、財務情報の開示の適正を確保するため、そ
　の上場会社の内部管理体制等の改善の必要性が高いと認められるとき
③上場会社が企業行動規範[3]の「遵守すべき事項」に違反した場合であっ
　て、その上場会社の内部管理体制等の改善の必要性が高いと認められ
　るとき
　そして、東証は、特設注意市場銘柄への指定後 1 年を経過したときに内
部管理体制等の審査を行い、その改善状況および改善の見込みに応じて、
以下のような対応をとるとしています（上規 501 条 2 項〜 7 項、601 条 1
項 11 号の 2c・e）。

①内部管理体制等が改善されている場合は、指定を解除
②内部管理体制等が改善されておらず、今後の改善も見込まれない場合
　は、上場廃止
③内部管理体制等が改善されていないものの今後の改善が見込まれる場
　合は、6 ヵ月間特設注意市場銘柄への指定を延長して改善状況を確認
　し、改善されれば指定を解除するが、改善されなければ上場廃止

　ただし、特設注意市場銘柄への指定後 1 年が経過する前であっても、内
部管理体制等の改善の見込みがなくなったと東証が認めた場合は、上場廃
止にすることとされています（上規 601 条 1 項 11 号の 2b）。
　また、③のとおり、特設注意市場銘柄への指定後 1 年が経過して内部管
理体制等が改善されていなくても、今後の改善が見込まれる場合は、6 ヵ

▶3　企業行動規範とは、上場会社の行動等について定められているもので（上規 432 条〜 450 条）、
　「遵守すべき事項」（上規 432 条〜 444 条）と「望まれる事項」（上規 445 条〜 450 条）から
　構成されている。そして、「遵守すべき事項」とは、違反した場合に実効性確保手段（上規 501
　条〜 510 条）、すなわち公表措置制度や上場契約違約金制度などの適用対象となるものである。

34

不適正な開示に対する措置　第7節

月間特設注意市場銘柄への指定が延長されますが、その6ヵ月間が経過する前であっても、内部管理体制等の改善の見込みがなくなったと東証が認めた場合は、上場廃止にすることとされています（上規601条1項11号の2d）。

COLUMN

ハードローとソフトロー

ハードロー（hard law）とソフトロー（soft law）という対立する言葉があります。ハードローとは、国家などの権力による強制力のある制度のことを、ソフトローとは、そうした強制力のない制度のことをいいます。

金融商品取引法などの法律はハードローであると考えられるのに対して、証券取引所の規則はソフトローであると考えられます。適時開示は、ソフトローに基づく情報開示であるといえるのです。

ハードローとソフトローの異なる点としては、強制力を伴うか否かということのほかに、ハードローは規定が明確であるのに対して（国家などの権力による強制力のある制度の規定が不明確であれば、恐ろしいことに）、ソフトローは必ずしも規定が明確ではないということがあります。

例えば、前述のとおり、ハードローである金融商品取引法により開示が求められる有価証券報告書は、何日以内に開示しなければならないというように開示期限が明確にされているのに対して、ソフトローである証券取引所の規則により開示が求められる決算短信は、決算の内容が定まった後、直ちに開示するというように開示期限が明確にされていません。

そのため、あるソフトローの考え方を理解するには時間を要することがあります。ソフトローに基づく情報開示である適時開示も、通常、その考え方を理解するまでには時間を要するものです。本書は、その適時開示の考え方を速やかに理解してもらうことを目的にしています。

第2章

決定事実・発生事実に関する
適時開示の実務のポイント

1 株式の発行、
自己株式の処分

1 決定した理由

　株式の発行や自己株式の処分を行うと、株式の希薄化（発行済株式総数の増加によって1株当たり当期純利益などが減少すること）が生じるため、一般的に投資家はそれらに対して良い印象をもたない傾向があります（自己株式の処分を行っても発行済株式総数は増加しないが、配当を得られない自己株式（会社法453条かっこ書）が処分されて、配当を得られるようになるため、株式の希薄化が生じる）。そのため、決定した理由は、調達した資金を何に投下し、会社の成長にどのようにつながるのかについて投資家に理解してもらえるように、具体的に記載する必要があります。

　第三者割当による株式の発行や自己株式の処分に関する開示では、株式の希薄化の規模が合理的であると判断した理由を記載する項目があるのですが、公募による株式の発行や自己株式の処分に関する開示においても、決定した理由のなかでそれについて記載しておくべきです。

　次の事例は、第三者割当による自己株式の処分に関する開示における、株式の希薄化の規模が合理的であると判断した理由の記載ですが、公募による株式の発行や自己株式の処分に関する開示においても、新たに発行する株式や処分する自己株式の数が、発行済株式総数と比べてそれほど多くないのであれば、決定した理由のなかでこのように株式の希薄化は軽微であると記載すればいいでしょう。

38

株式の発行、自己株式の処分　第1節

> 今回の自己株式処分数の発行済株式数に占める割合は 0.48% であるため、株式の希薄化及び流通市場への影響は軽微であると判断しております。

　株式の発行や自己株式の処分によって短期的には株式の希薄化が生じるとしても、調達した資金の使途が適切であれば、長期的には会社の成長そして株主の利益につながるはずです。次の事例も、第三者割当による株式の発行に関する開示における、株式の希薄化の規模が合理的であると判断した理由の記載ですが、公募による株式の発行や自己株式の処分に関する開示においても、株式の希薄化が軽微といえない場合は、決定した理由のなかでこのように、調達した資金の投下が会社の成長につながり、既存株主にとっても利益になると記載すればいいでしょう。

> 　払込金額は上記のとおり当社普通株式の市場価格に照らして妥当な水準で設定されています。また、今回の第三者割当増資に伴い、希薄化後ベースで 13.4% の株式の希薄化が生じますが、当社としては、今回の第三者割当増資によって得られた調達資金について、当社の完全子会社である米国○○社の財務基盤強化のために用いる予定です。○○社の財務基盤を強化することは、同社の安定した事業活動につながり、ひいては当社のグローバル成長戦略を推進し、企業価値を高めることができると考えております。従いまして、今回第三者割当増資は既存株主にとっても合理性があるものと考えております。

　なお、株式の希薄化が軽微といえるか否かの判断基準（軽微といえる規模と軽微といえない規模の分かれ目はどこか）をどう考えるかですが、これには定まったものがあるわけではありません。個人によって考え方は異なるでしょうし、会社の規模や発行済株式総数によっても異なるかもしれ

第2章 決定事実・発生事実に関する適時開示の実務のポイント

ません。

　ただし、後述するように、第三者割当による株式の発行や自己株式の処分を行い、希釈化率が25％以上となる場合は、特別の手続を経なければならないとされていることから、発行あるいは処分する株式の数が発行済株式総数の25％以上となるような場合は、株式の希薄化が軽微であるとは絶対にいえないと考えるべきでしょう。

2 第三者割当の場合

（1）加えて開示が求められる事項

　第三者割当による株式の発行や自己株式の処分に関する開示においては、通常の記載内容に加えて以下の内容も記載しなければならないとされています（上施規402条の2第2項）。これは、過去、不適切な第三者割当による株式の発行などが目立ったため、そうした行為を防止するために設けられているものです。

　①割当先の払込みに要する財産の存在について確認した内容
　②払込金額の算定根拠およびその具体的な内容（取引所が必要と認める場合は、払込金額が割当先に特に有利でないことに係る適法性に関する、監査役、監査等委員会または監査委員会の意見などを含む）
　③上規432条に定めるところにより同条各号に掲げるいずれかの手続を行う場合は、その内容（同条ただし書の規定の適用を受ける場合は、その理由）
　④その他東証が投資判断上重要と認める事項

　このうち①と②は必ず開示しなければなりませんが、①は割当先の資金手当てについて、②は株主総会決議を要する有利発行に該当するか否かに

株式の発行、自己株式の処分　第1節

ついて、それぞれ明確にするためのものです。

　また、③は、希釈化率[4]が25％以上となるときまたは支配株主（第8節参照）が異動する場合、原則として以下の①または②の手続を経ることを企業行動規範（第1章34ページ脚注2を参照）の「遵守すべき事項」として規定するが、その第三者割当による株式の発行などの緊急性がきわめて高いものとして取引所が認めた場合はこのかぎりではないとするものです（上規432条、上施規435条の2）。

　　①経営陣から一定程度独立した者による第三者割当の必要性および相当
　　　性に関する意見の入手
　　②株主総会の決議などの株主の意思確認

（2）払込財産の確認内容

　加えて開示が求められる事項のうち、払込財産の確認内容と払込金額の算定根拠等は必ず記載しなければなりません。まず払込財産の確認内容には、払込財産の確認方法として、預金残高の確認や融資証明の徴求など合理的な方法による可能な範囲での確認が想定されているため、そうした方法により確認した結果、問題ないと判断している旨を記載すればいいでしょう。

　次の事例は、割当先が上場会社である場合のものなのですが、このように割当先が上場会社で有価証券報告書や四半期報告書を開示している場合は、それらの記載内容を確認して問題ないと判断した旨を記載すればいいでしょう。

▶4　希釈化率＝第三者割当により割り当てられる株式に係る議決権数（潜在的議決権数を含む）
／第三者割当前における発行済株式に係る議決権数（潜在的議決権数は含まない）×100

第2章　決定事実・発生事実に関する適時開示の実務のポイント

> ○○社が財務局へ提出した直近の有価証券報告書、四半期報告書に記載の売上高、総資産額、純資産額、現預金等の状況を確認した結果、本件増資の払込みについて問題のないことを確認しております。

ただし、割当先が過去に失権を起こしている場合や、割当先の売上高、総資産、純資産などの規模に照らし、払込金額を有しているまたは調達し得ることが合理的に推認されない場合は、十分に確認を行い、確認方法および確認結果についてより具体的な記載が求められます。

（3）払込金額の算定根拠等

次に払込金額の算定根拠等ですが、払込金額の算定に使用した前提の数値などの具体的内容をすべて記載する必要はなく、評価方法や払込金額の算定において勘案した事項、経緯などを具体的に記載するだけです。

また、株主総会において有利発行の特別決議を経る場合や、決議の直前日の株価、決議日前1ヵ月間、3ヵ月間、6ヵ月間の平均の株価に対するディスカウント率すべてを勘案して明らかに有利発行に該当しないと判断できる場合以外は、払込金額が割当先に特に有利でないことに係る適法性に関する、監査役、監査等委員会または監査委員会の意見についての記載が必要とされます。

次の事例の最後には監査役全員の同意を得ている旨が記載されています。株主総会の特別決議を経るわけでも、決議の直前日の株価、決議日前1ヵ月間、3ヵ月間、6ヵ月間の平均の株価に対するディスカウント率すべてを勘案しているわけでもないため[5]、このように記載しています。

▶5　日本証券業協会が公表している「第三者割当増資の取扱いに関する指針」（2010年4月1日）においては、原則として直近の株価に対してディスカウント率10％以内に払込金額を設定すべきだが、過去6ヵ月以内の平均株価に対してディスカウント率10％以内に払込金額を設定してもよいとされている。

株式の発行、自己株式の処分　第1節

> 　払込金額は、××年9月7日開催の取締役会決議の直前日（××年9月4日）から遡る3ヵ月間（××年6月5日から××年9月4日）の株式会社東京証券取引所における当社普通株式の終値の平均である220円（注）といたしました。当社普通株式の売買出来高水準、株価推移、新株式発行における希釈化等を勘案し、一定期間の平均株価という平準化された値である直近3ヵ月の終値平均とする方法は、算定根拠として客観性が高く合理的なものであります。また、上記払込金額は、日本証券業協会の「第三者割当増資の取扱いに関する指針」に準拠するものと考えております。
>
> 　なお、本件第三者割当に係る払込金額につきましては、本日開催の取締役会にて全会一致で承認いたしました。また、監査役全員の同意を得ております。
>
> （注）上記払込金額は当該取締役会決議の直前日の終値（238円）に対し、7.56％のディスカウントとなっております。

　しかし、株式の発行や自己株式の処分を決定した場合、常に監査役、監査等委員会または監査委員会の同意を得ているはずであるため（監査役、監査等委員会または監査委員会が同意していないことを決定した場合、その決定自体が問題）、監査役、監査等委員会または監査委員会の同意を得ている旨は、どのような場合でも常に記載すると考えておいていいでしょう。

　次の事例は、決議の直前日の株価、決議日前1ヵ月間、3ヵ月間、6ヵ月間の平均の株価に対するディスカウント率すべてを勘案して明らかに有利発行に該当しないと判断できる場合ですが、最後に監査役全員が賛成している旨が記載されています。

43

第２章　決定事実・発生事実に関する適時開示の実務のポイント

　　本件発行価額につきましては、本件に関する取締役会決議の直前営業日（××年９月10日）までの最近１ヵ月間、３ヵ月間、６ヵ月間に株式会社東京証券取引所が公表した当社株式の終値の各平均値と、取締役会決議の直前営業日（××年９月10日）に株式会社東京証券取引所が公表した当社株式の終値を比較して、最も高い金額に90％を乗じた金額（ディスカウント率9.97％）である、25,490円といたしました。係る発行価額の算定根拠につきましては、日本証券業協会の「第三者割当増資等の取扱いに関する指針」に準拠するとともに、当社を取り巻く事業環境、最近の業績や資本充実の必要性を踏まえ、割当先との協議の結果決定いたしました。なお、新株式の発行価額の決定については、社外監査役２名を含む、当該新株式の発行に係る取締役会決議に出席した監査役３名全員が賛成する旨の意見を述べております。

2 株式の売出し、株式の分割

1 株式の売出しを決定した理由

株式の発行や自己株式の処分と異なり、株式の売出しは、通常、会社の意思に基づいて行われるものではありません。株式の売出しを決定した理由は、実際のところ売出人における個別的な事情に基づくものと思われます。しかし、当然ながらそれをそのまま記載することはできません。

株式の売出しを決定した理由には、次の事例のように、株式の「分布状況の改善」や「流動性の向上」のためであると記載すればいいでしょう。株式の売出しが行われれば、株主構成が変わりますし、流通する株式の数が増えるからです。

> 今般、上記売出しを実施することといたしましたが、これは当社株式の分布状況の改善と流動性の向上を目的としたものであります。

なお、株式の発行や自己株式の処分に関する開示と異なり、株式の売出しに関する開示においては、株式の希薄化について触れる必要はありません。株式の売出しを行っても、発行済株式総数は増加せず、株式の希薄化は生じないからです。流通する株式の数が増加して、供給が需要を上回るという状態が生じる可能性がありますが、それは株式の希薄化ではありません。

45

第2章　決定事実・発生事実に関する適時開示の実務のポイント

2 株式の分割を決定した理由

　株式の流動性の向上という表現は、次の事例のように、株式の分割を決定した理由にも用いられます。株式の売出しを決定した本当の理由は異なるのかもしれませんが、株式の分割は、まさに株式の流動性の向上を図るための行為です。なお、単元株式数の定めの廃止や、単元株式数の減少を決定した理由にも、それらの目的が株式の分割と同じであるため、同様に株式の流動性の向上という表現を用います。

> 　株式分割を実施することにより、当社株式の1投資単位当たりの金額を引き下げ、投資家の皆様がより投資しやすい環境を整えるとともに、株式の流動性の向上を図ることを目的としております。

　なお、株式の分割に関する開示においても、株式の希薄化について触れる必要はありません。株式の分割を行うと、発行済株式総数が増加するため、株式の希薄化が生じるといわれることがありますが、同一の株式を細分化するだけなので、株式の発行や自己株式の処分のように株主や投資家にマイナスの影響を及ぼすことはありません（例えば、1株を2株に分割した場合、1株当たり当期純利益は2分の1になるが、株主の所有する株式数は2倍になり、株主が得られる利益は変わらない）。

3 資本金・準備金の減少、自己株式の取得

1 開示基準

　株式の発行や自己株式の処分については、発行または処分する株式の額が1億円以上の場合は開示しなければならないという開示基準が定められています。それに対して、資本金・準備金の減少、自己株式の取得については、開示基準が定められておらず、すべて開示が必要になります。規模が小さく、投資家の投資判断への影響が軽微であると思われる場合、誤って開示は不要と判断してしまうことがあるため、注意が必要です。

2 決定した理由

（1）資本金・準備金の減少

　次の事例は、資本金の減少を決定した理由の記載ですが、資本金、資本準備金、利益準備金の減少を決定した理由には、このように「機動的かつ柔軟な資本政策に備える」といった表現がよく用いられます。

　当社の期間損益の黒字化の定着を踏まえ、早期復配を目的に財務基盤の再構築を図るとともに、今後の機動的かつ柔軟な資本政策に備えることを目的とします。

47

第2章　決定事実・発生事実に関する適時開示の実務のポイント

　一般的に株式の発行を「増資」、資本金の減少を「減資」といいます。増資を行うと、資金を調達するため、会社の資産が増加します。減資を行った場合は、それとは反対に会社の資産が減少するという印象を受けるかもしれません。確かに、資本金を減少させるとともに、株主に対して資産の払戻しを行うため、会社の資産が減少するという、いわゆる有償減資が行われることもあります。しかし、そうした有償減資が行われることはほとんどなく、減資を行うといった場合、大半は、会社の資産が減少しない、いわゆる無償減資です。

　資本金の減少額は、通常、その他資本剰余金に振り替えます（会社法446条3号、447条1項1号、計規50条1項1号）。また、資本準備金の減少額はその他資本剰余金へ（会社法446条4号、448条1項1号、計規50条1項2号）、利益準備金の減少額はその他利益剰余金へ振り替えます（会社法446条4号、448条1項1号、計規52条1項1号）。したがって、資本金や準備金を減少させても、会社の資産は減少せず、貸借対照表の純資産の部の額は変わりません。

　なぜそのようなことを行うのかというと、その他資本剰余金やその他利益剰余金を増やすことによって分配可能額を増やすためです（会社法446条、447条1項2号、448条1項2号、461条、計規177条、178条、184条～186条）。そして、分配可能額を増やすのは、もちろん配当や自己株式の取得を行えるようにするためです（会社法461条1項2号）。

　上の事例の「機動的かつ柔軟な資本政策に備える」の意味は、いつでも配当や自己株式の取得を行えるようにするということなのです（「早期復配を目的に」という記載もあります）。ただし、この表現だけではすべての投資家に意図が伝わらない可能性があるため、より具体的な表現にしてもいいでしょう。次の事例は、資本準備金の減少を決定した理由の記載ですが、「自己株式の取得等」と直接記載しています。

48

資本金・準備金の減少、自己株式の取得　第3節

> 　自己株式の取得等、今後の財務政策上の柔軟性および機動性を確保することを目的として、会社法第448条第1項の規定に基づき、資本準備金の額を減少し、その他資本剰余金へ振り替えるものであります。

（2）自己株式の取得

　「機動的かつ柔軟な資本政策に備える」といった表現は、自己株式の取得を決定した理由にもよく用いられます。次の事例は、自己株式の取得を決定した理由の記載ですが、「機動的な資本戦略に備えて」という記載があります。

> 　資本効率の向上を図るとともに機動的な資本戦略に備えて自己株式を取得するものであります。

　しかし、自己株式の取得を決定した理由における「機動的な資本戦略に備えて」の意味は、資本金や準備金の減少を決定した理由におけるものと異なります。取得した自己株式は、処分して資金を調達したり、新株予約権が行使された際に交付したり、また、合併や株式交換などの組織再編行為における対価にしたりと、さまざまな行為に利用できます。上の事例の「機動的な資本戦略に備えて」は、そうしたさまざまな行為に備えてという意味なのです。

　なお、自己株式の取得を決定した理由を記載する場合も、「機動的な資本戦略に備えて」といった表現だけでは、すべての投資家に意図が伝わらない可能性があるため、より具体的な表現にしてもいいでしょう。

　また、自己株式の取得を決定した理由には、ほかに「資本効率の改善」や「株主への利益還元」を記載してもいいでしょう。「資本効率の改善」を記載するのは、自己株式を取得すると、貸借対照表の純資産の部の額が

49

第2章 決定事実・発生事実に関する適時開示の実務のポイント

小さくなるため、小さな資本で事業を運営することになるからです。そして、「株主への利益還元」を記載するのは、自己株式の取得は株主に対する資産の払戻しであり（すべての株主が対象になるわけではないが）、株主にとっては配当と同様の意義があるからです（株式の希薄化と反対の効果を生じさせるため、その意味でも株主への利益還元につながる）。

4 ストック・オプション、新株予約権付社債、譲渡制限付株式報酬

1 3種類のストック・オプション

　ストック・オプションは、従来型のもの、株式報酬型のもの、そして、有償のものと、3種類に分類することができ、それらの付与に関する開示の内容が異なります。さらに従来型のものと株式報酬型のものの場合は、それぞれの付与対象者が従業員か取締役かによっても内容が異なります。

　ただし、従来型のもののほとんどは従業員に対して、株式報酬型のもののほとんどは取締役に対して付与されます。そこで、本書では、以下の3種類のストック・オプションの付与に関する開示について解説します。

　①従業員に対する従来型ストック・オプションの付与に関する開示
　②取締役に対する株式報酬型ストック・オプションの付与に関する開示
　③有償ストック・オプションの付与に関する開示

2 従来型ストック・オプションの付与に関する開示

（1）従業員に対する従来型ストック・オプションの付与に関する開示

　従来型ストック・オプションは、おそらく多くの方がイメージする形のストック・オプションかと思われますが、現在、従業員に対しては、多くの場合、この従来型ストック・オプションが付与されます。

　従業員に対する従来型ストック・オプションの付与に関しては、3回の

51

第２章　決定事実・発生事実に関する適時開示の実務のポイント

開示を行います。まず新株予約権発行の取締役会への委任について株主総会へ付議することを決定した時点で（会社法 239 条１項）、それに関して開示します。次に株主総会の委任を受けた取締役会において新株予約権発行を決議した時点で、それに関して開示します。そして、最後に新株予約権の行使価額が決まった時点で、それに関して開示することになります（図表２－１参照）。

図表２－１　従業員に対する従来型ストック・オプションの付与に関する開示の時期

１回目の開示	株主総会への付議を決定した時点
２回目の開示	取締役会で付与を決議した時点
３回目の開示	新株予約権の行使価額が決まった時点

　次にあげたのは、従業員に対する従来型ストック・オプションの付与に関する１回目の開示の事例です（××年５月８日開示）。主文の記載から１回目の開示であることがわかるかと思います。

　従来型ストック・オプションの場合、「2.　新株予約権発行の要領（2）新株予約権の払込金額」の記載のとおり、新株予約権を無償で発行し、その行使価額は、「2.　新株予約権発行の要領（3）新株予約権の内容②新株予約権の行使に際して出資される財産の価額の算定方法」の記載のとおり、発行時の株価よりも高めに設定されます。

52

ストック・オプション、新株予約権付社債、譲渡制限付株式報酬　**第4節**

ストックオプションとしての新株予約権発行に関するお知らせ

　当社は、××年5月8日開催の取締役会において、会社法第236条、第238条および第239条の規定に基づき、ストックオプションの実施を目的として、株主以外の者に対して特に有利な条件をもって新株予約権の発行を当社取締役会に委任することの承認を求める議案を、××年6月26日開催予定の当社第113回定時株主総会に提案することを決議いたしましたので、下記の通りお知らせいたします。

記

1．株主以外の者に特に有利な条件をもって新株予約権を発行する理由
　当社は、当社連結業績に対する貢献意欲や士気を一層高めることを目的とし、当社の幹部社員および当社子会社の取締役・幹部社員に対して以下の2．に記載の発行要領に基づき新株予約権を無償で発行する。

2．新株予約権発行の要領
(1)（略）
(2) 新株予約権の払込金額
　　金銭の払込みを要しないこととする。
(3) 新株予約権の内容
　①（略）
　②新株予約権の行使に際して出資される財産の価額の算定方法
　　　各新株予約権の行使に際して出資される財産の価額は、新株予約権を行使することにより交付を受けることができる株式1株当たりの払込金額（以下、「行使価格」という。）に付与株式数を乗じた金額とする。
　　　行使価額は、新株予約権を割り当てる日（以下、「割当日」という。）の属する月の前月の各日（取引が成立しない日を除く。）の東京証券取引所における当社普通株式の普通取引の終値（以下、「終値」という。）の平均値に1.05を乗じた金額とし、1円未満の端数は切り上げる。ただし、その金額が割当日の前日の終値（当日に終値がない場合は、それに先立つ直近日の終値）を下回る場合は、割当日の前日の終値とする。（以下略）
　③〜⑥（略）

(4) 募集事項の決定の委任等
　上記に定めるものの他、新株予約権の募集事項および細目事項については、定時株主総会後に開催される取締役会決議により定める。

以上

第2章

第２章　決定事実・発生事実に関する適時開示の実務のポイント

　この開示を行った会社は、この議案が株主総会において承認された後、××年7月30日に取締役会において新株予約権発行を決議して、同日に「ストックオプション（新株予約権）の割当に関するお知らせ」を開示しました（2回目の開示）。その主文は以下のとおりであり、株主総会の委任を受けた旨の記載があります。

> 　当社は、××年6月26日開催の当社第113回定時株主総会の委任を受け、本日開催の当社取締役会において、当社の幹部社員に対して、ストックオプションとして下記の内容の新株予約権の発行を行うことを決議いたしましたので、お知らせいたします。

　2回目の開示で新株予約権の割当日は××年8月20日とされましたが、1回目の開示の「2. 新株予約権発行の要領（3）新株予約権の内容②新株予約権の行使に際して出資される財産の価額の算定方法」の記載から、その前日（××年8月19日）に新株予約権の行使価額が決まることがわかります。そして、この会社は、××年8月19日、新株予約権の行使価額が決まったため、「ストックオプション（新株予約権）の行使価額等決定に関するお知らせ」を開示しました（3回目の開示）。

（2）決定した理由

　従来型ストック・オプションの付与を決定した理由には、「業績向上への意欲や士気」といった表現がよく用いられます。1回目の開示の事例の「1. 株主以外の者に特に有利な条件をもって新株予約権を発行する理由」には、「当社連結業績に対する貢献意欲や士気を一層高めることを目的とし」という記載があります。

　業績が向上して株価がストック・オプションの行使価額を上回れば、ストック・オプションを付与された者は利益（ストック・オプションを行使

54

ストック・オプション、新株予約権付社債、譲渡制限付株式報酬　第4節

して取得した株式の売却益）を得られるので、ストック・オプションを付与された者は業績向上への意欲や士気が高まるはずだからです。

3　株式報酬型ストック・オプションの付与に関する開示

（1）取締役に対する株式報酬型ストック・オプションの付与に関する開示

　取締役に対しては、多くの場合、株式報酬型ストック・オプションが付与されます。この場合も、従業員に対して従来型ストック・オプションが付与される場合と同様に3回の適時開示を行います。1回目の開示はストック・オプションの付与についての議案を株主総会へ付議することを決定した時点、2回目の開示は取締役会で付与を決議した時点で行い、これは従業員に対して従来型ストック・オプションが付与される場合と同様です。

　ただし、株主総会で承認を受ける根拠が、従業員に対して従来型ストック・オプションを付与する場合と異なります。従業員に対して従来型ストック・オプションを付与する場合は、前述のとおり新株予約権発行を取締役会へ委任することについて株主総会で承認を受けます（これは特別決議（会社法309条2項6号））。これに対して、取締役に対して株式報酬型ストック・オプションを付与する場合に株主総会で承認を受けるのは、役員報酬についてです（会社法361条。これは普通決議）。

　大きく異なる3回目の開示です。従業員に対して従来型ストック・オプションが付与される場合と異なり、新株予約権の行使価額ではなく払込金額が決まった時点で行います（図表2-2参照）。後述しますが、従来型ストック・オプションの場合、新株予約権が無償で発行され、その行使価額は初め未定であったのに対して、株式報酬型ストック・オプションの場合、新株予約権の行使価額はあらかじめ決まっていますが、その払込金額は初め未定です（無償発行ではない）。

55

第２章　決定事実・発生事実に関する適時開示の実務のポイント

図表２-２　取締役に対する株式報酬型ストック・オプションの付与に関する開示の時期

１回目の開示	株主総会への付議を決定した時点
２回目の開示	取締役会で付与を決議した時点
３回目の開示	新株予約権の払込金額が決まった時点

　次にあげたのは、取締役に対する株式報酬型ストック・オプションの付与に関する１回目の開示の事例です（×１年５月14日開示）。役員退職慰労金制度の廃止とともに、役員報酬としての株式報酬型ストック・オプション付与について株主総会へ付議することを決定して、それに関して開示しています。なお、「3. 株式報酬型ストック・オプションとして割り当てる新株予約権の内容(3)新株予約権の行使に際して出資される財産の価額」の記載から、新株予約権の行使価額はあらかじめ１円と決められていることがわかります[6]。

　株式報酬型ストック・オプションの付与に関する開示において特徴的なのが、「2. ストック・オプションとして新株予約権を発行する理由」の第２段落のような、これが新株予約権の有利発行ではないことに関する記載です。新株予約権の行使価額は１円であるうえ、実質的に無償発行といえるにもかかわらず、有利発行ではないとされるのです。

　新株予約権は無償発行ではなく、その価値を計算して、それを払込金額とするのですが、あわせてそれと同額の報酬を割当先の取締役に対して支給することにします。その取締役は、新株予約権の払込金額を会社に対し

▶6　2019年12月11日に交付された改正会社法（公布日から１年６月以内に施行とされており、2021年３月１日施行予定）では、上場会社が取締役の報酬として新株予約権を発行する場合、その新株予約権の行使の際の払込みを要しないこととされた（改正会社法236条３項・４項）。これまでは、新株予約権の行使の際、払込みが必要とされたため（会社法236条１項２号）、新株予約権の行使価額を１円として、こうした記載がなされたが、改正会社法施行後、それに沿って新株予約権が発行された場合、「取締役の報酬をもってする払込みと引換えに発行する新株予約権であり、その行使に際しては金銭の払込みを要しないこととする」といった記載がなされるようになるかと思われる。

ストック・オプション、新株予約権付社債、譲渡制限付株式報酬　第4節

役員退職慰労金制度の廃止と取締役に対する株式報酬型ストック・オプション（新株予約権）付与について

　当社は、×1年5月14日開催の取締役会において、役員報酬制度の見直しを行い、役員退職慰労金制度を廃止するとともに、取締役（社外取締役を除く）に対する報酬として株式報酬型ストック・オプション制度を導入することの承認を求める議案を、×1年6月27日開催予定の第60期定時株主総会に付議することを決議いたしましたので、下記のとおりお知らせいたします。

記

1（略）

2．ストック・オプションとして新株予約権を発行する理由
　当社は、取締役（社外取締役を除く）に対する報酬制度に関し、退職慰労金制度を廃止するとともに、当社の業績と株主価値との連動性をより一層強固なものとし、取締役が株価上昇によるメリットのみならず株価下落によるリスクについても株主の皆様と共有することで、中長期的に継続した業績及び企業価値向上への貢献意欲や士気を一層高めることを目的に、新たにいわゆる株式報酬型ストック・オプション制度を導入し、年額5億円を限度額とし、取締役（社外取締役を除く）に対する報酬等として、以下の要領により株式報酬型ストック・オプションとしての新株予約権を付与することといたしました。当該報酬等の額につきましては退職慰労金制度の廃止及び導入目的を勘案して検討した結果、定めたものであります。
　なお、本新株予約権については、新株予約権の割当てを受けた取締役に対し、支払金額と同額の報酬請求債権と当該新株予約権の払込金額とを相殺することを条件として、取締役会決議により発行することといたしたく存じます。本新株予約権の発行は、当社取締役の当社に対する報酬請求権と新株予約権の公正価額である払込金額を相殺することにより行うことから、有利発行には該当いたしません。

3．株式報酬型ストック・オプションとして割り当てる新株予約権の内容
（1）～（2）（略）
（3）新株予約権の行使に際して出資される財産の価額
　新株予約権の行使に際してする出資の目的は金銭とし、その1株当たりの価額は1円として、これに新株予約権の目的である株式の数を乗じた金額とする。
（4）～（6）（略）
（7）その他の新株予約権の内容
　新株予約権に関するその他の内容については、今後開催される新株予約権の募集事項を決定する取締役会において定める。
（注）上記の内容については、×1年6月27日開催予定の第60期定時株主総会において承認可決されることを条件といたします。

以上

第2章　決定事実・発生事実に関する適時開示の実務のポイント

て支払わなければならない債務とそれと同額の報酬を会社から受け取ることができる債権とをもつことになり、その債権と債務を相殺することができます（会社法 246 条 2 項では、新株予約権者は、金銭の払込みに代えて、払込金額に相当する金銭以外の財産を給付し、または会社に対する債権をもって相殺することができるとされている）。したがって、新株予約権の無償発行ではなく、あくまで結果として金銭の払込みが不要になるだけであるため、有利発行ではないとされるのです。

　例えば、新株予約権の価値を計算したところ、100 万円だったため、それを払込金額とします。割当先の取締役は、会社に対して 100 万円を払い込まなければなりません。しかし、会社は、その取締役に対して新株予約権の払込金額と同額の 100 万円の報酬を支給することにしました。その取締役は、会社に対して 100 万円を払い込まなければならない債務と会社から 100 万円を受け取ることができる債権とをもつことになり、その債権と債務を相殺することができるため、金銭を払い込まなくても済むことになります。

　この開示を行った会社は、この議案が株主総会において承認された後、×2 年 6 月 3 日に取締役会において新株予約権発行を決議して、同日に「当社取締役に対する株式報酬型ストック・オプション（新株予約権）の発行に関するお知らせ」を開示しました（2 回目の開示）。その主文の記載は以下のとおりです。前述の理由から、この新株予約権発行は有利発行ではないため、会社法 240 条（公開会社の場合、有利発行以外の新株予約権発行は株主総会ではなく取締役会において決定できるという規定）に基づく旨の記載があります。

　当社は、×1 年 6 月 27 日開催の第 60 期定時株主総会において承認されました「取締役に対する株式報酬型ストック・オプション報酬額及び内容決定の件」により、当社取締役に対する報酬等として、年額 5 億円を上限として新株予約権を付与することをご承認いただいておりますが、×2 年 6 月 3 日開催の当社取締役会において、会社法第 238 条及び第 240 条第

58

ストック・オプション、新株予約権付社債、譲渡制限付株式報酬　**第4節**

> 1項の規定に基づき、下記のとおり、当社取締役12名（社外取締役を除く）に対し、株式報酬型ストック・オプションとして新株予約権を発行することを決議いたしましたので、お知らせいたします。

　新株予約権の払込金額は、その価値を計算して決定します。2回目の開示の「5. その他の募集事項等（2）新株予約権1個と引換えに払い込む金額及びその払込みの方法」には、以下のようにその旨が記載されています。

> 　新株予約権1個と引換えに払い込む金額（以下「払込金額」という。）は、次式のブラック・ショールズ・モデルにより以下の基礎数値に基づき算出した1株当たりのオプション価格に新株予約権1個当たりの目的となる株式の数を乗じた金額とする。（以下略）

　記載を省略しましたが、ブラック・ショールズ・モデルにより新株予約権の価値を計算するにあたっては割当日の株価が必要になります。2回目の開示で新株予約権の割当日は×2年6月26日とされたため、同日に新株予約権の払込金額が決まり、同社は「当社取締役に対する株式報酬型ストック・オプション（新株予約権）の発行内容確定に関するお知らせ」を開示しました（3回目の開示）。

（2）決定した理由

　株式報酬型ストック・オプションの付与を決定した理由にも、従来型ストック・オプションの付与を決定した理由と同様、「業績向上への意欲や士気」といった表現がよく用いられます。1回目の開示の事例の「2. ストック・オプションとして新株予約権を発行する理由」には、「中長期的に継続した業績及び企業価値向上への貢献意欲や士気を一層高めることを目的に」という記載があります。

59

第2章　決定事実・発生事実に関する適時開示の実務のポイント

　しかし、株式報酬型ストック・オプションの付与を決定した理由には、そうした表現に加えて、「業績と株式（あるいは株主）価値の連動性」といった表現も記載されます。1回目の開示の事例の「2.ストック・オプションとして新株予約権を発行する理由」には、「当社の業績と株主価値との連動性をより一層強固なものとし、取締役が株価上昇によるメリットのみならず株価下落によるリスクについても株主の皆様と共有する」といった記載があります。

　こうした記載がなされるのは、従来型ストック・オプションの付与が、あくまで従業員などへのインセンティブ付与のためのものにとどまるのに対して、株式報酬型ストック・オプションの付与が、その名のとおり報酬の一部とされるものだからです。報酬の一部がストック・オプションとされた場合、それを付与された者は「業績と株式（あるいは株主）価値との連動性」を強く意識せざるを得なくなります。そうした理由から、株式報酬型ストック・オプションが付与されるのは、多くの場合、従業員ではなく取締役なのです（1回目の開示の事例も、役員退職慰労金制度を廃止して、役員報酬として株式報酬型ストック・オプションの付与を決定するというものである）。

4　有償ストック・オプションの付与に関する開示

（1）1回目の開示

　株式報酬型ストック・オプションにおいても、新株予約権が有償で発行されますが、実質的には無償で発行されるといえます。それに対して、有償ストック・オプションの場合、その付与対象者は実際に新株予約権と引換えに金銭を払い込みます。

　次にあげたのは、有償ストック・オプションの付与に関する1回目の開示の事例です（×1年12月24日開示）。主文と「Ⅱ　新株予約権の発行要領　3.新株予約権と引換えに払込む金銭」の記載から、新株予約権が有償で発行されることがわかります。

60

ストック・オプション、新株予約権付社債、譲渡制限付株式報酬　第4節

新株予約権（有償ストックオプション）の発行に関するお知らせ

　当社は、本日開催の取締役会において、会社法第236条、第238条及び第240条の規定に基づき、当社または当社の子会社の取締役、監査役、執行役員、従業員に対し、以下の通り新株予約権（以下「本新株予約権」といいます。）を発行することを決議しましたのでお知らせいたします。

　なお、本新株予約権は、本新株予約権の公正価値に相当する払込金額の払込みにより有償にて発行され、その払込金額は本新株予約権を引き受ける者にとって特に有利な金額でないことから、株主総会の承認を得ることなく実施いたします。

記

Ⅰ　新株予約権を発行する目的

　当社および当社子会社の取締役、監査役、執行役員、従業員の当社の企業価値向上に対する意欲を高めるため、当社および当社子会社の取締役、監査役、執行役員、従業員に対し、有償にて本新株予約権を発行するものであります。なお、本新株予約権は、「Ⅱ 新株予約権の発行要領 1. 新株予約権の内容 (6) 新株予約権の行使の条件」に定めるとおり、当社の連結業績において、あらかじめ定める基準を達成した場合に初めて権利行使を可能とするものであります。（以下略）

Ⅱ　新株予約権の発行要領

1. 新株予約権の内容

（1）新株予約権の目的である株式の種類および数

　本新株予約権（本発行要項に基づき発行される新株予約権をいう。以下同じ。）の目的である株式の種類は当社の普通株式とし、本新株予約権1個当たりの目的である株式の数（以下、「付与株式数」という。）は、1株とする（なお、本新株予約権全体の目的である株式の総数は当初62,081株となる。）。（以下略）

（2）新株予約権の行使に際して出資される財産の価額

　本新株予約権の行使に際してする出資の目的は金銭とし、本新株予約権の行使に際して出資される財産の本新株予約権1個あたりの価額は、次により決定される本新株予約権を行使することにより交付を受けることができる株式1株当たりの金額（以下、「行使価額」という。）に、上記（1）に定める付与株式数を乗じた金額とする。

行使価額は、金89,900円とする。（以下略）

（3）新株予約権を行使することができる期間

　本新株予約権を行使することができる期間（以下、「行使期間」という。）は、×2年3月11日から平成32年3月9日までとする。

第2章　決定事実・発生事実に関する適時開示の実務のポイント

（4）～（10）（略）

2．新株予約権の数
　62,081 個

3．新株予約権と引換えに払込む金銭
　本新株予約権と引換えに払込む金銭は、本新株予約権 1 個あたり金 9,150 円とする。なお、当該金額は、第三者評価機関である株式会社（略）が、当社の株価情報等を考慮して、一般的なオプション価格算定モデルであるモンテカルロ・シミュレーションによって算出した結果を参考に決定したものである。

4．新株予約権の割当日
　×2 年 1 月 12 日

5．新株予約権と引換えにする金銭の払込みの期日
　×2 年 1 月 26 日

6．申込期日
　×2 年 1 月 7 日

7．新株予約権の割当ての対象者及びその人数並びに割り当てる新株予約権の数
　当社または当社子会社の取締役、監査役、執行役員、従業員 177 名に対し 62,081 個
　なお、上記対象となる者の人数は本お知らせ提出時の予定人数であり増減することがあります。また、上記割当新株予約権数は上限の発行数を示したものであり、申込数等により減少することがあります。

以上

　なお、有償ストック・オプションの付与を決定した理由の記載は、従来型ストック・オプションの付与に関する開示と同様です。上の事例の「Ⅰ　新株予約権を発行する目的」にも、「当社および当社子会社の取締役、監査役、執行役員、従業員の当社の企業価値向上に対する意欲を高めるため」という記載があります。

（2）2回目の開示

　従来型と株式報酬型のストック・オプションの付与に関しては、通常 3

62

ストック・オプション、新株予約権付社債、譲渡制限付株式報酬　**第4節**

回の開示が行われますが、有償ストック・オプションの付与に関しては、通常2回の開示が行われます。有償ストック・オプションの付与については、新株予約権と引換えに実際に金銭が払い込まれるため、取締役会のみで決定することができます。したがって、開示が必要となるのは、取締役会でストック・オプションの付与を決議した時点と新株予約権の発行内容が確定した時点のみということになります。

　次にあげたのは、上であげた1回目の開示を行った会社が、その後、×2年1月11日に開示した「新株予約権（有償ストックオプション）の発行内容確定に関するお知らせ」です（2回目の開示）。

新株予約権（有償ストックオプション）の発行内容確定に関するお知らせ

　当社は、×1年12月24日開催の取締役会決議に基づき、当社または当社子会社の取締役、監査役、執行役員または従業員に対して有償にて発行する新株予約権（以下「本新株予約権」といいます。）の発行内容のうち、未定となっていた事項が本日確定いたしましたので、下記のとおりお知らせいたします。

記

1. 本新株予約権の割当対象者、人数及び割当数
　当社および当社子会社の取締役、監査役、執行役員および従業員 135名／55,934個

2. 本新株予約権の総数
　55,934個

3. 本新株予約権全体の目的となる株式の種類および数
　普通株式 55,934株

ご参考
　上記に記載した事項以外の本新株予約権の発行要領については、×1年12月24日付当社プレスリリース「新株予約権（有償ストック・オプション）の発行に関するお知らせ」をご参照ください。

以上

第2章　決定事実・発生事実に関する適時開示の実務のポイント

　従来型ストック・オプションを付与した場合における新株予約権の発行内容確定に関する開示は、行使価額が決まった時点で、株式報酬型ストック・オプションを付与した場合のそれは、払込金額が決まった時点で行われます。それに対して、有償ストック・オプションの場合、新株予約権の行使価額も払込金額もあらかじめ決まっています。有償ストック・オプションを付与した場合の新株予約権の発行内容確定に関する開示が行われるのは、発行する個数が決まった時点です（図表2－3参照）。

図表2－3　有償ストック・オプションの付与に関する開示の時期

1回目の開示	取締役会で付与を決議した時点
2回目の開示	新株予約権の個数が決まった時点

　それでは、有償ストック・オプションを付与した場合、発行する新株予約権の個数が決まるのはいつで、いつ発行内容確定に関する開示を行うべきなのでしょうか。新株予約権の申込期日、割当日、それとも払込金額の払込期日でしょうか。

　まず新株予約権の払込金額の払込期日では遅いといえるでしょう。新株予約権が発行されるのは、払込金額の払込期日ではなく、それよりも前の割当日だからです（会社法245条1項。ただし、新株予約権を取得した者は、払込期日までに払込金額を払い込まないかぎり、それを行使できない（会社法246条3項））。

　それでは、新株予約権の割当日がいいのでしょうか。実は発行する新株予約権の個数は割当日よりも前に決まっています。会社は、新株予約権の割当日の前日までに、その申込者に対して、割り当てる個数を通知しなければならないとされているからです（会社法243条3項）。発行する新株予約権の個数は、割当日の前日までには決まっていなければならないことになります。

　したがって、発行内容確定に関する開示は、遅くとも新株予約権の割当日の前日までには行わなければなりません。上にあげた2回目の開示の事

64

ストック・オプション、新株予約権付社債、譲渡制限付株式報酬　第4節

例も、新株予約権の割当日の前日に行われています（1回目の開示の事例の「Ⅱ　新株予約権の発行要領　4.新株予約権の割当日」の記載を確認）。

　ただし、有償ストック・オプションの付与対象者はあらかじめ決められているため、特別な事情がないかぎり新株予約権はすべての申込者に対して割り当てられるはずです。発行する新株予約権の個数は、実際のところ申込数が判明した時点で決まるといえます。したがって、新株予約権の発行内容確定に関する開示は、申込数が判明した時点で（申込期日あるいはその翌日に）行うのがより望ましいと思われます。

5　新株予約権付社債の発行

（1）転換社債型新株予約権付社債

　新株予約権は、ストック・オプションとして発行されるほかに、社債に付けて発行されることがあります。新株予約権が付いた社債を新株予約権付社債といいますが、発行される新株予約権付社債のほとんどが転換社債型新株予約権付社債といわれるものです。

　転換社債型新株予約権付社債とは、新株予約権の行使において、金銭ではなく社債を出資の目的とするものです（会社法236条1項3号）。すなわち、社債に付いた新株予約権が行使されると、社債を発行するときに会社に対して支払われた資金が出資されることになります。社債の所有者からすると、社債に付いた新株予約権を行使すると、社債と交換に株式を取得することができ、また、社債の発行会社からすると、社債に付いた新株予約権が行使されると、負債の部の社債が純資産の部の資本金に転換されることになるのです。

（2）新株予約権の無償発行

　転換社債型新株予約権付社債に付された新株予約権は、通常、無償で発行されます。そして、転換社債型新株予約権付社債の発行に関する開示に

65

第2章　決定事実・発生事実に関する適時開示の実務のポイント

は、新株予約権と引換えに金銭の払込みを要しないこととする理由として
次のような記載がなされます。

> 　本新株予約権は、転換社債型新株予約権付社債に付されたものであり、本
> 社債からの分離譲渡はできず、かつ本新株予約権が行使されると本社債は出
> 資の目的とされて消滅するなど、本社債と本新株予約権が相互に密接に関連
> することを考慮し、また、本新株予約権の価値と、本社債の利率及び払込金
> 額並びにその他の発行条件により得られる価値とを勘案して、本新株予約権
> と引換えに金銭の払込みを要しないこととした。

　非常にわかりにくい内容かと思われますが、ほとんどの転換社債型新株
予約権付社債の発行に関する開示には、これと同様の記載がなされていま
す。おそらく多くの会社が、他社の事例を参考にしながら開示資料を作成
しているうちに、定番の表現として定着したのでしょう。しかし、もしか
すると、開示担当者のなかには、この文章の意味を理解せずに用いている
方がいるかもしれません。

　株式報酬型ストック・オプションの付与に関する開示には、それが新株
予約権の有利発行ではないことに関する記載がなされますが（新株予約権
の行使価額は1円であるうえ、実質的に無償発行といえるにもかかわらず、
有利発行ではないとされる）、この記載も、新株予約権の無償発行が有利
発行ではないことを明らかにするために記載されるものです。この記載が
いわんとしているのは、新株予約権は無償で発行するが、転換社債型新株
予約権付社債の全体の内容（社債の利率が低く抑えられていることなど）
を踏まえると、有利発行には該当しないというものです。

　転換社債型新株予約権付社債は、原則として取締役会の決議により発行
することができますが（会社法238条1項6号・2項、240条1項）、新株
予約権の有利発行に該当する場合は、株主総会の承認が必要になります（会

66

ストック・オプション、新株予約権付社債、譲渡制限付株式報酬　第4節

社法238条1項2号・2項・3項、240条1項、309条2項6号）。

　転換社債型新株予約権付社債に付された新株予約権が無償で発行されるということは、一見すると新株予約権の有利発行に該当するように思われます。しかし、転換社債型新株予約権付社債は、通常、取締役会の決議により発行されます。そこで、この記載により、新株予約権の無償発行が有利発行に該当しないこと（取締役会の決議により発行しても問題ないこと）を説明しようとしているのです。

6　譲渡制限付株式報酬

（1）取締役に対する譲渡制限付株式報酬

　ストック・オプションに代えて譲渡制限付株式報酬を導入する会社が増えていますが、取締役に対して譲渡制限付株式報酬として株式を発行または自己株式を処分する場合、3回の開示が必要となります。

　取締役に対する譲渡制限付株式報酬は、役員報酬として株主総会の承認を受ける必要があるため（会社法361条）、まず譲渡制限付株式報酬制度の導入について株主総会へ付議することを決定した時点で、それに関して開示します。次に、株主総会の承認を受けた後、取締役会において株式の発行または自己株式の処分を決議した時点で、それに関して開示します。そして、株式の発行または自己株式の処分の払込みが完了した時点で、募集株式の引受人が株主となることが確定するため（会社法209条1項）、それに関して開示することになります（図表2－4参照）。

図表2－4　取締役に対する譲渡制限付株式報酬に関する開示の時期

1回目の開示	株主総会への付議を決定した時点
2回目の開示	取締役会で発行などを決議した時点
3回目の開示	払込みが完了した時点

第2章　決定事実・発生事実に関する適時開示の実務のポイント

　次にあげたのは、取締役に対する譲渡制限付株式報酬に関する1回目の開示の事例です（××年2月21日開示）。譲渡制限付株式報酬制度の導入について株主総会へ付議するとされており、1回目の開示であることがわかるかと思います。

譲渡制限付株式報酬制度の導入に関するお知らせ

　当社は、××年2月21日開催の取締役会において、役員報酬制度の見直しを行い、譲渡制限付株式報酬制度（以下「本制度」といいます。）の導入を決議し、本制度に関する議案を××年3月25日開催予定の第60回定時株主総会（以下「本株主総会」といいます。）に付議することといたしましたので、下記のとおり、お知らせいたします。

記

１．本制度の導入目的等
（１）本制度の導入目的
　本制度は、当社の社外取締役及び監査等委員である取締役を除く取締役（以下「対象取締役」といいます。）を対象に、当社の企業価値の持続的な向上を図るインセンティブを与えるとともに、株主の皆様との一層の価値共有を進めることを目的とした制度です。

（２）本制度の導入条件
　本制度は、対象取締役に対して譲渡制限付株式の付与のために金銭債権を報酬として支給することとなるため、本制度の導入は、本株主総会において係る報酬を支給することにつき株主の皆様のご承認を得られることを条件といたします。（以下略）

２．本制度の概要
　対象取締役は、本制度に基づき当社から支給された金銭報酬債権の全部を現物出資財産として払込み、当社の普通株式について発行又は処分を受けることとなります。
　本制度に基づき対象取締役に対して支給する金銭報酬債権の総額は、年額250百万円以内といたします。各対象取締役への具体的な支給時期及び配分については、取締役会において決定いたします。
　本制度により、当社が新たに発行又は処分する普通株式の総数は、年75,000株以内（ただし、本株主総会の決議の日以降の日を効力発生日とする当社の普通株式の株式分割（当社の普通株式の無償割当てを含みます。）又

ストック・オプション、新株予約権付社債、譲渡制限付株式報酬　**第4節**

> は株式併合が行われた場合、当該効力発生日以降、分割比率・併合比率等に応じて、当該総数を、必要に応じて合理的な範囲で調整します。）とし、その1株当たりの払込金額は、各取締役会決議の日の前営業日における東京証券取引所における当社の普通株式の終値（同日に取引が成立していない場合は、それに先立つ直近取引日の終値）を基礎として当該普通株式を引き受ける対象取締役に特に有利な金額とならない範囲において、取締役会において決定します。なお、対象取締役に割り当てる株式につきましては、当社が保有する自己株式を処分しこれに充てることを想定しております。
>
> また、本制度による当社の普通株式（以下「本株式」といいます。）の発行又は処分に当たっては、当社と譲渡制限付株式報酬の支給を受ける予定の対象取締役との間において、①一定期間(以下「譲渡制限期間」といいます。)、本株式に係る第三者への譲渡、担保権の設定その他一切の処分を禁止すること、②一定の事由が生じた場合には当社が本株式を無償取得することなどをその内容に含む譲渡制限付株式割当契約が締結されることを条件といたします。（以下略）
>
> 以上

　前述のとおり、株式報酬型ストック・オプションにおいては、新株予約権の払込金額と会社に対する報酬債権とが相殺されますが、譲渡制限付株式報酬においても、同様のやりとりが生じます。「2．本制度の概要」の記載のとおり、株式を発行または自己株式を処分する際、それと引換えの払込みが必要とされるため（会社法199条1項2号）、取締役に対して譲渡制限付株式報酬として株式を発行または自己株式を処分する場合、取締役は、会社から報酬債権を支給されたうえで、それを現物出資財産として払い込むことになります[7]。

▶7　2019年12月11日に交付された改正会社法(公布日から1年6月以内に施行とされており、2021年3月1日施行予定）では、上場会社が取締役の報酬として株式を発行または自己株式を処分する場合,それと引換えの払込みを要しないこととされたため(改正会社法202条の2)、それに沿って株式の発行または自己株式の処分が行われた場合の開示では、「取締役の報酬として発行する株式（または処分する自己株式）であり、それと引換えにする金銭の払込みを要しないこととする」といった記載がなされるようになるかと思われる。
　また、払込みを要せず、募集株式の引受人は割当日（改正会社法202条1項2号）に株主になるとされているため（改正会社法209条4項）、3回目の払込みが完了した時点での開示は不要となり、2回の開示で済むことになる。

第2章　決定事実・発生事実に関する適時開示の実務のポイント

　この開示を行った会社は、この議案が株主総会において承認された××年3月25日、取締役会において自己株式の処分を決議し、「譲渡制限付株式報酬としての自己株式の処分に関するお知らせ」を開示しました（2回目の開示）。そして、そこで処分期日とされた××年4月24日に「譲渡制限付株式報酬としての自己株式の処分の払込完了及び一部失権に関するお知らせ」を開示しました（3回目の開示）。

（2）従業員に対する譲渡制限付株式報酬

　株式報酬型ストック・オプションのほとんどは取締役に対して付与されますが、譲渡制限付株式報酬としての株式の発行または自己株式の処分は、従業員に対しても行われ、その場合、有利発行規制に抵触しないかぎり（会社法199条2項・3項、201条1項）、2回の開示を行います。

　1回目は、取締役会において株式の発行または自己株式の処分を決議した時点で、2回目は、株式の発行または自己株式の処分の払込みが完了した時点で、それぞれに関して開示します（図表2−5参照）。株主総会への付議を決定した時点の開示が不要であること以外は、取締役に対する譲渡制限付株式報酬に関する開示と同様です[8]。

図表2−5　従業員に対する譲渡制限付株式報酬に関する開示の時期

1回目の開示	取締役会で発行などを決議した時点
2回目の開示	払込みが完了した時点

▶8　2019年12月11日に交付された改正会社法(公布日から1年6月以内に施行とされており、2021年3月1日施行予定）では、上場会社が取締役の報酬として株式を発行または自己株式を処分する場合、それと引換えの払込みを要しないこととされたが、従業員はその対象とならないため、改正会社法施行後も、従業員に対する譲渡制限付株式報酬に関する開示はこれまでどおりである。すなわち、従業員は、会社から報酬債権を支給されたうえで、それを現物出資財産として払い込むこととされ、また、2回目の払込みが完了した時点での開示も必要となる。

ストック・オプション、新株予約権付社債、譲渡制限付株式報酬　**第4節**

　次にあげたのは、従業員に対する譲渡制限付株式報酬に関する1回目の開示の事例です（××年3月25日開示）。この開示を行った会社は、この後、処分期日とされた××年9月30日に「当社及び当社子会社の従業員に対する譲渡制限付株式報酬としての自己株式の処分の払込完了及び一部失権に関するお知らせ」を開示しました（2回目の開示）。

**当社及び当社子会社の従業員に対する譲渡制限付株式報酬としての
自己株式の処分に関するお知らせ**

　当社は、××年3月25日開催の取締役会において、下記のとおり、自己株式の処分（以下「本自己株式処分」又は「処分」といいます。）を行うことについて決議いたしましたので、お知らせいたします。

記

１．処分の概要

（1）処分期日	××年9月30日
（2）処分する株式の種類及び数	当社普通株式　1,593,100株
（3）処分価額	1株につき3,631株
（4）処分総額	5,784,546,100円
（5）処分先及びその人数並びに処分株式の数	当社の従業員　　　　1,753名　1,049,900株 当社子会社の従業員　1,437名　543,200株
（6）その他	本自己株式の処分については、金融商品取引法による有価証券届出書の効力発生を条件とします。

２．処分の目的及び理由

　当社は、××年3月25日開催の取締役会において、当社及び当社子会社の従業員（以下「対象従業員」といいます。）に対する当社グループの企業価値の持続的な向上を図るインセンティブの付与及び株主価値の共有を目的として、譲渡制限付株式付与制度（以下「本制度」といいます。）を導入することを決議いたしました。

　なお、本制度の概要等につきましては、以下のとおりです。

【本制度の概要等】
　対象従業員は、本制度に基づき当社又は当社子会社から支給される金銭債権の全部を現物出資財産として払込み、当社の普通株式について発行又は処分を受けることとなります。
　また、本制度による当社の普通株式の発行又は処分に当たっては、当社と対象従業員との間で譲渡制限付株式割当契約を締結するものとし、その内容としては、①対象従業員は、一定期間、譲渡制限付株式割当契約により割当てを受けた当社の普通株式について、譲渡、担保権の設定その他の処分をしてはならないこと、②一定の事由が生じた場合には当社が当該普通株式を無償で取得すること等が含まれることといたします。（以下略）

３．本割当契約の概要
（１）譲渡制限期間　××年９月30日から○○年７月１日まで
（２）譲渡制限の解除条件
　　　対象従業員が譲渡制限期間中、継続して、当社又は当社子会社の使用人又はその他これに準ずる地位のいずれかの地位にあることを条件として、本割当株式の全部について、譲渡制限期間の満了時点で譲渡制限を解除する。
（３）～（６）（略）

４．払込金額の算定根拠及びその具体的内容
　（前略）処分価額につきましては、恣意性を排除した価額とするため、××年３月24日（取締役会決議日の前営業日）の東京証券取引所市場第一部における当社の普通株式の終値である3,631円としております。これは、取締役会決議日直前の市場株価であり、合理的で、かつ特に有利な価額には該当しないものと考えております。

以上

5 固定資産の譲渡・取得、組織再編行為等

第2章

1 開示基準

（1）固定資産の譲渡・取得

　固定資産の譲渡・取得は、開示漏れが生じやすい決定事実であるため、注意が必要です。特に経営成績や財政状態が思わしくない会社の場合、規模が小さく、投資家の投資判断への影響が軽微であると思われるようなものでも、開示基準に該当し、開示が必要になってしまうからです。

（2）組織再編行為等

　株式交換、合併、会社分割、公開買付けまたは自己株式の公開買付けについては、開示基準が定められていないため、すべて開示が必要になります。それらに関しては、規模が小さく、投資家の投資判断への影響が軽微であると思われる場合、誤って開示は不要と判断してしまうことがあるため、注意が必要です。特に、株式交換、合併、会社分割は、開示漏れが生じやすい決定事実です。

　事業の譲渡・譲受けについては開示基準が定められていますが、特に経営成績や財政状態が思わしくない会社の場合、規模が小さく、投資家の投資判断への影響が軽微であると思われるようなものでも、開示基準に該当し、開示が必要になってしまうため、注意が必要です。

　業務提携と子会社の異動についても開示基準が定められていますが、そ

73

第2章　決定事実・発生事実に関する適時開示の実務のポイント

れが複雑でわかりにくいため、開示の要否について慎重に判断する必要が
あります。

2　決定した理由

（1）固定資産の譲渡・取得

　固定資産の取得は、投資家にとって会社による投資として最もイメージ
しやすいものかと思われます。それを決定した理由には、会社の成長につ
ながる投資であることを明確に記載する必要があります。次の事例は、新
工場の建設を決定した理由の記載ですが、既存の工場の生産能力に余力が
なくなったために決定したとされており、会社の成長につながる投資であ
ることがわかるかと思います。

　現在、当社が西日本エリアで販売するサラダ製品（調理加工食品）は、西
神戸工場（兵庫県神戸市）及び○○社（当社 100%子会社）を中心に関西
地区で製造しておりますが、各工場ともに生産能力に余力がない状態となっ
ております。
　今回建設する新工場は、関西地区でのサラダ生産拠点を集約化し、生産能
力の増強及び価格競争力の強化を図るとともに、新規製造設備の導入による
品質及び味の一層の向上を目指すものであります。

　譲渡される固定資産は、通常、もはや利益を生み出さないものです。そ
のため、固定資産の譲渡を決定した理由には、それを所有し続けることは
会社の成長につながらず、譲渡することが適切であることを明確に記載す
る必要があります。次の事例は、土地と建物の譲渡を決定した理由の記載
ですが、この会社としては、その土地と建物により利益を生み出すことが
難しく、譲渡することが適切であると判断した旨が記載されています。

固定資産の譲渡・取得、組織再編行為等　第5節

> 　当社は、××年より以下の土地と建物（リゾートホテル）を所有しており
> ましたが、季節営業（7月〜10月初旬）のため、収益の改善が難しくなり、
> 自社保有物件の見直しと資産効率改善を目的として、同ホテルがある富士山
> エリアで観光事業を展開している○○社を売却先として固定資産を譲渡いた
> します。

（2）組織再編行為等

　組織再編行為等を決定した理由の記載も、考え方は基本的に固定資産の
譲渡・取得と同様です。会社の成長につながるのか否かについて明確に記
載する必要があります。

　ただし、組織再編行為等にはさまざまな形態があるため、決定した理由
の記載にあたっては少し工夫が必要かと思われます。組織再編行為等を決
定した理由の記載には、「経営資源」という表現がよく用いられます。経
営資源とは、会社が事業に利用するあらゆるもののことをいい、やや抽象
的な表現ですが、以下のように用いると、決定した理由の記載をうまくま
とめることができるかと思います。

①　経営資源の融合

　次の事例は、株式取得による他の会社の子会社化を決定した理由の記載
ですが、互いの経営資源を融合させるためであるとされています。この「経
営資源の融合」という表現は、ほかに、他の会社の吸収合併、株式交換に
よる他の会社の子会社化、公開買付けによる他の会社の関連会社化あるい
は子会社化、会社分割による他の会社からの事業の承継、事業の譲受けな
どを決定した理由にも同様に用いることができます。

第2章　決定事実・発生事実に関する適時開示の実務のポイント

> 　（前略）当社と○○社とが、互いの経営資源を持ち寄り、融合を図ることで、営業上・生産上のシナジー効果が生まれ、現在、○○社が保有している主力事業をより強化・発展することが期待できると判断し、契約の締結に至りました。

② 　経営資源の集約

　すでに関連会社あるいは子会社である会社を吸収合併したり、株式交換や公開買付けにより完全子会社化する場合などは、次の事例のように、決定した理由に経営資源を集約させるためであると記載します。

> 　経営環境の急激な変化や今後の競争激化に対応するため、100%子会社である○○社を吸収合併することにより経営資源を集約し、倉庫・物流事業に関して、さらなるグループ経営の効率化をめざすものです。

③ 　経営資源の集中

　それに対して、子会社株式の譲渡、会社分割による他の会社への事業の承継、事業の譲渡などを決定した理由の記載には、「経営資源の集中」という表現を用います。次の事例は事業の廃止を決定した理由の記載ですが、他の事業に経営資源を集中させるためであるとしています。

> 　（前略）当社は高付加価値機種に重点を置き、北米・英国の専門店・カスタムインストーラーなど高級AV市場に特化した販売施策を取ってまいりましたが、近年では高級AV市場自体が縮小の傾向にあり、これに伴い当社の売上も年々減少し、××年度からは営業赤字の状況となっております。
> 　こうした状況は今後も進展することが予想され、更なる売上の減少とともに事業損益面でも厳しい状況になることが想定されること、また当社の事業

76

固定資産の譲渡・取得、組織再編行為等　第5節

構造からみた場合、空調機などの得意分野に経営資源を集中すべきとの判断から、来年3月末をもってコンシューマー向け映像情報事業を終息することといたしました。（以下略）

④　経営資源の相互活用

業務提携を決定した理由には、次の事例のように経営資源を相互に活用するためであると記載するといいでしょう。

○○社及び△△社は、××年9月26日に発表いたしました個人ローン業務における業務提携協議の合意以降、お客様の利便に資する広範な業務提携を真摯に協議・検討した結果、このたび、提携内容について合意いたしました。

両行は、各々の経営資源を相互に活用し、金融商品・サービスの進展による国民経済への寄与を目的として、緊密に協働・連携してまいります。（以下略）

（3）公開買付け

公開買付けを決定した理由の記載については、上述のとおり、組織再編行為等と同様に考えます（「経営資源の融合」や「経営資源の集約」といった表現を用いる）。ただし、公開買付けには、純投資やMBOを目的として行われるものがあり、それを決定した理由の記載については以下のように考えます。

① 　純投資

純投資とは、取得した対象者の株式を他者に売却するなどして利益を得ることです。これを目的として公開買付けを行う場合は、対象者の事業内容などを記載したうえで、その成長性などに着目したことを記載します。

77

第２章　決定事実・発生事実に関する適時開示の実務のポイント

　次の事例では、第２段落において自社の事業内容と経営方針が、第３段落において対象者の事業内容などが記載された後、第４段落において、この公開買付けは、対象者の「更なる成長性に着眼して」実施を決定したものであり、「純粋な投資目的により行うもの」であることが記載されています。

　当社は、株式会社東京証券取引所（以下「東京証券取引所」といいます。）マザーズ市場に上場している対象者について、現在対象者普通株式2,560株（対象者の発行済株式総数の6.24％）を所有しておりますが、対象者普通株式5,330株（対象者の発行済株式総数の13.00％）を上限として公開買付け（以下「本公開買付け」といいます。）を実施いたします。

　当社は、（中略）ライフサポートビジネスの展開を主たる事業としていますが、これと併せて、今後は上場会社、非上場会社を問わず、有価証券の売買、取得、運用、保有等の投資業務を積極的に行っていく方針です。

　対象者は、総合ゴルフショップ○○社の直営店及びフランチャイズチェーンの展開を事業とする会社です。（以下略）

　かかる対象者について、当社は、今後におけるその更なる成長性に着眼しており、今般、対象者の発行済株式の13.00％を上限として本公開買付けを実施することを決定いたしました。本公開買付けは、純粋な投資目的により行うものです。具体的には、当社は、対象者の株式を中長期的に保有した後に他社に売却等をすることにより投資成果を上げていくことを企図しております。（以下略）

---

② 　MBO

　MBO（マネジメント・バイアウト：経営陣による企業買収）を目的とした公開買付けにおいては、公開買付者が自社の経営陣（実際には経営陣が経営する会社など）、対象者が自社となります。したがって、自社が行

固定資産の譲渡・取得、組織再編行為等　第5節

う開示は、公開買付けに関するものではなく、公開買付けに係る意見表明に関するものです。

　MBO を目的とした公開買付けは、公開買付者が自社のすべての株式を取得し、自社を上場廃止とするために行われるものです。それに係る意見表明は当然賛同するというものですが、その根拠と理由には、自社の上場を維持するメリットがもはやないため（経営環境が厳しいといった理由により）、上場廃止となることが適当であると判断した旨を記載します。

　次の事例では、まず第1段落において、対象者（自社）の代表取締役社長が公開買付者のすべての株式を所有し、代表取締役に就任していることが記載されています。そして、第3段落から第5段落にかけて対象者（自社）の厳しい経営環境が、第6段落において対象者（自社）の上場を維持するメリットがもはやないことが記載された後、第7段落において、対象者（自社）を上場廃止にするためにこの公開買付けを行うこととされたと記載されています。

　公開買付者は、対象者の代表取締役社長を務める○○○○氏が届出日現在において発行済株式の全てを有する株式会社です。なお、○○○○は、公開買付者の代表取締役に就任しております。公開買付者は、（中略。対象者の経営陣の氏名と対象者株式の所有割合が記載されている。）が所有する対象者の株式を除く、対象者の発行済株式の全部（自己株式を除きます。）を取得することを目的に本書の提出に係る公開買付け（以下「本公開買付け」といいます。）を予定しており、応募していただいた対象者株式の全部を買い付けることとしております。なお、公開買付者は、経営陣から本公開買付けに応募しない旨の同意を得ており、本公開買付けが成立したときには、公開買付者と経営陣は、対象者株式の議決権の共同行使を行う旨の同意をしております。

第2章　決定事実・発生事実に関する適時開示の実務のポイント

> 　本公開買付けはいわゆるマネジメントバイアウトの一環として行われる取引であり、公開買付者は対象者の取締役会の賛同のもと、友好的に同社の株式を取得して支配権を取得するために、証券取引法に基づき本公開買付けを行うものです。
>
> 　対象者は××年の設立以後、30年以上にわたって環境を調査・研究し、自然と人間とのよりよい関係を目指した空間を計画・設計してきました。（以下略）
>
> 　しかし、日本の建設投資の推移は、×△年をピークとして、○×年には約3割減に低下しております。（以下略）
>
> （第5段落　略）
>
> 　このように対象者がフォーカスするマーケットが縮小傾向である環境において、対象者の専門スキルを十分に活かし、株主の皆様が期待する企業価値の向上を達成することは困難であると考えられます。また、対象者は資本市場を活用したエクイティ・ファイナンスや、人材採用の際の知名度の向上、取引先からの評価の向上といった、上場会社としてのメリットを享受するために上場しましたが、マーケット縮小傾向であることから、エクイティ・ファイナンスや人材採用等のニーズが低下したため、当該メリットを享受していないのが現状です。
>
> 　このような経緯及び現状認識のもと、公開買付者はファイナンシャル・アドバイザーの助言を受け、対象者経営陣と協議の上、対象者を非上場化することが必要と考え、本公開買付けを行うことを決定いたしました。（以下略）

　なお、公開買付けにおいて、公開買付者の側からすると、買付価格は低い方がいいはずですが、対象者の株主の側からすると、買付価格は高い方がいいはずです。MBOを目的とした公開買付けの場合、公開買付者が自社の経営陣、対象者が自社となり、公開買付者は、対象者の株主の側にも立った判断を行わなければならないため、利益の相反する立場にいることになります。そのため、意見の根拠と理由には、買付価格の妥当性（公開

固定資産の譲渡・取得、組織再編行為等　第5節

買付者の側に偏った立場から買付価格が決定されていないこと）も記載します。

3　関連会社の異動に関する開示

　子会社の異動に関しては、それが開示基準に該当する場合、開示が必要になります。それに対して、関連会社[9]の異動に関しては、開示が必要な事実として列挙されておらず、原則として開示する必要がありません。

　しかし、対象となる関連会社の重要性がとても高く、その異動が業績に大きな影響を与える場合は、包括条項として開示の要否について検討する必要があるでしょう。

　なお、関連会社の異動に関しては原則として開示する必要がないのに対して、後述しますが、その他の関係会社（自社を関連会社とする会社）の異動に関しては、親会社の異動とともに開示が必要とされています。

4　公開買付けに関する開示の時期

　決定事実や発生事実に関する適時開示とともに、有価証券届出書や臨時報告書などの金融商品取引法による情報開示も必要とされる場合は、適時

▶9　ある会社が他の会社の意思決定を支配することができている場合、ある会社（支配している側）を親会社、他の会社（支配されている側）を子会社という（財務諸表等規則8条3項）。通常、ある会社が他の会社の議決権の50%超を所有していれば、親子会社関係にあるといえるが（財務諸表等規則8条4項1号）、議決権の50%超を所有していなくても、実質的に意思決定を支配することができていれば、親子会社関係にあるとされる（財務諸表等規則8条4項2号・3号）。
　それに対して、ある会社が他の会社の意思決定に重要な影響を与えることができている場合、他の会社をある会社の関連会社という（財務諸表等規則8条5項）。通常、ある会社が他の会社の議決権の20%以上を所有していれば、他の会社をある会社の関連会社といえるが（財務諸表等規則8条6項1号）、親子会社関係にあるか否かを判定する場合と同様、議決権の20%以上を所有していなくても、実質的に意思決定に重要な影響を与えることができていれば、関連会社に該当するとされる（財務諸表等規則8条6項2号～4号）。

81

第2章　決定事実・発生事実に関する適時開示の実務のポイント

開示と金融商品取引法による情報開示を同時に行うようにします。

　しかし、公開買付けに関する開示は例外で、公開買付届出書の提出日の前日に適時開示を行います。なぜかというと、公開買付届出書の提出日と同日に公開買付開始公告を行わなければならないからです（金商法27条の3第1項・2項）。公開買付開始公告には、電子公告を用いる方法と日刊新聞紙を用いる方法がありますが（金商法令9条の3第1項）、電子公告は日付が変わるタイミングで行われますし、新聞も早朝に配達されてしまうため、その前日のうちに適時開示を行っておく必要があるのです。

6 代表取締役・代表執行役の異動、公認会計士等の異動

1 代表取締役・代表執行役の異動に関する開示の時期

　監査役設置会社および監査等委員会設置会社においては代表取締役の異動に関して、指名委員会等設置会社においては代表執行役の異動に関して開示が必要になります。

　代表取締役および代表執行役は取締役会の決議により選定されます（会社法362条2項3号・3項、420条1項）。代表取締役または代表執行役が異動する場合として通常考えられるのは、代表取締役が退任し、別の取締役を新たな代表取締役に選定する場合や、現在の代表取締役に加えて、別の取締役を新たな代表取締役に選定する場合、あるいは、代表執行役が退任し、別の執行役を新たな代表執行役に選定する場合や、現在の代表執行役に加えて、別の執行役を新たな代表執行役に選定する場合などです。

　そうした場合であれば、通常、新たな代表取締役または代表執行役を取締役会の決議により選定した時点で、代表取締役または代表執行役の異動に関して開示すれば問題ありません。ただし、代表取締役または代表執行役が退任したが、後任の代表取締役または代表執行役が未だ決まっていないといった場合は、まず代表取締役または代表執行役の退任に関して開示する必要があります。

　以上は、現在取締役または執行役である者を新たな代表取締役または代表執行役に選定する場合を前提としています。そうした場合であれば、通

83

第2章　決定事実・発生事実に関する適時開示の実務のポイント

常、新たな代表取締役または代表執行役を取締役会の決議により選定した
時点で、代表取締役または代表執行役の異動に関して開示すれば問題ない
はずです。

　それに対して、例えば現在取締役でない者が、新たな代表取締役または
代表執行役に選定されることを前提として、取締役に選任されるような場
合はどうでしょうか。そうした場合でも、株主総会において取締役に選任
された後、取締役会において代表取締役または代表執行役に選定（代表執
行役には、まず執行役に選任された後）された時点で、代表取締役または
代表執行役の異動に関して開示すれば問題ないのでしょうか。

　現在取締役でない者が、新たな代表取締役または代表執行役に選定され
ることを前提として、取締役に選任されるような場合、その者を取締役会
の決議により代表取締役または代表執行役に選定した時点で、代表取締役
または代表執行役の異動に関して開示したのでは遅いといえます。その者
の取締役選任について株主総会に付議することを決定した時点で、株主総
会でその議案が否決されないかぎり、その者が代表取締役または代表執行
役に選定されることはすでに決まっています。また、新たな代表取締役ま
たは代表執行役に選定されることを前提としていることは、当然株主に対
して示されるはずです。

　したがって、その者の取締役選任について株主総会に付議することを決
定した時点で、代表取締役または代表執行役が異動する予定であることに
関して開示する必要があります。これは、第三者割当による新株式発行の
割当先が新たに主要株主になる場合、株式の払込期日に主要株主の異動に
関して開示するのではなく、第三者割当による新株式発行を決定した時点
で主要株主の異動が見込まれることに関して開示する必要があることと考
え方が類似しているといえるでしょう。

　次の事例では、現在の代表取締役に加えて、現在取締役でない者をまず
取締役に選任したうえで新たな代表取締役に選定する予定であることを開

84

代表取締役・代表執行役の異動、公認会計士等の異動　第6節

示しています。主文の最初には「××年7月6日開催の取締役会において、代表取締役の異動（中略）について下記のとおり内定」と、最後には「本件については、××年9月22日開催予定の当社第42期定時株主総会で取締役を選任し、株主総会後の取締役会の決議において代表取締役の選定等を正式決定する予定」と記載されています。

　また、「Ⅰ．代表取締役の異動（××年9月22日付）　4．就任予定日」は「××年9月22日」とされて、「上記内容については、××年9月開催予定の第42期定時株主総会にて承認可決することを条件としています。」という注が記載されています。

代表取締役の異動、執行役員制度の変更および執行役員の異動に関するお知らせ

　当社は、××年7月6日開催の取締役会において、代表取締役の異動、執行役員制度の変更および執行役員の異動について下記のとおり内定ならびに決定いたしましたのでお知らせいたします。
　当社はこれまで、当社の強みである「開発力」と「人財力」を収斂した「総合力」によって、積極的に業態の開発・改善に努め、成長性のある業態に集中した新規出店と既存店の収益性の向上を両輪として、中長期的に当社のブランドの確立という成果を勝ち取り、企業価値を高める経営を実践してまいりました。
　今後もなお一層の会社の成長性と永続性を実現していくことを目的に、以下のとおりの変更をおこなうことを決定いたしました。
　尚、本件については、××年9月22日開催予定の当社第42期定時株主総会で取締役を選任し、株主総会後の取締役会の決議において代表取締役の選定等を正式決定する予定です。

記

Ⅰ．代表取締役の異動（××年9月22日付）
1．異動の理由
　当社の更なる成長性と永続性を確実に推進していくためには、時代やお客様のニーズをつかみその商品やフォーマットを開発できる資質ならびに、店舗運営に精通し組織を総括する資質を有する次の世代のリーダーを明確にし、社長の職務を円滑に引き継いでいくことが重要であると考えております。
　このためには、現代表取締役社長である○○○○が引き続き当社の最高経営責任者となりながら、現執行役員である□□□□に社長の職務を引き継ぐことにより、代表取締役の2名体制で当社の強みの更なるブラッシュアップに努める体制を構築することといたします。

85

第2章　決定事実・発生事実に関する適時開示の実務のポイント

　この上で、経営トップにつきましては、「CEO」および「COO」を設置することとし、業務執行機能の迅速化に努めながら後継者育成を強力に推進してまいります。
　なお、代表取締役会長・CEO は併せて取締役会議長に就任する予定であります。

2．異動の内容

氏名	新役職	現役職
○○○○	代表取締役会長・CEO・取締役会議長 全社統括、コンプライアンス統括、CSR統括	代表取締役社長
□□□□	代表取締役社長・執行役員社長・COO 業務統括、開発本部統括	執行役員

3．新代表取締役の氏名および略歴
（中略）

4．就任予定日
××年9月22日
（注）上記内容については、××年9月開催予定の第42期定時株主総会にて承認可決することを条件としています。

（以下略）

2　取締役・執行役の異動に関する開示

　代表取締役と代表執行役の異動に関しては開示が必要となりますが、単なる取締役（いわゆる「平取締役」）や執行役の異動に関しては、開示が必要な事実として列挙されておらず、原則として開示する必要がありません。

　しかし、取締役や執行役の異動が、重要性の高い社内体制の変更に伴うものであるような場合は、その社内体制の変更が包括条項に該当して開示が必要となる可能性について検討する必要があるでしょう。

代表取締役・代表執行役の異動、公認会計士等の異動　第6節

3　代表取締役・代表執行役の選定

　細かな点ですが、代表取締役および代表執行役は取締役会の決議により「選任」されるのではなく「選定」されます。上にあげた開示例の主文の最後にも「取締役会の決議において代表取締役の選定」と記載されています。誤って「選任」と記載している事例が時折見受けられますので、注意してください。

　取締役は株主総会で「選任」されます（会社法329条1項）。執行役も取締役会で「選任」されます（会社法402条2項）。それは、株主総会から取締役に対して、取締役会から執行役に対して意思決定が委任されるという意味が込められているからです（会社法330条、402条3項）。それに対して、取締役会が代表取締役および代表執行役を選ぶ際、そこに意思決定の委任はなく、単に選ぶだけですので、「選定」となります。

4　公認会計士等の異動を決定した理由

　以前、公認会計士等の異動を決定した理由のほとんどは、定時株主総会の終結のときをもって任期満了となるためであると記載されていましたが、現在ではさまざまな記載がなされるようになっています[10]。記載される理由の主なものとしては、継続監査年数の長期化、監査報酬、グループ会社間の統一、公認会計士等からの辞任の申し出などがありますが、最も多いのは、継続監査年数の長期化と監査報酬です。

　次の事例は、継続監査年数の長期化を理由とした記載です。この事例でも用いられていますが、継続監査年数の長期化を理由とする場合、「新たな視点」という表現がよく用いられます。長く同じ公認会計士等による監

▶10　東証が2019年1月22日に『会社情報適時開示ガイドブック』を改訂し、実質的な理由の記載が求められることになった。

87

第2章　決定事実・発生事実に関する適時開示の実務のポイント

査を受けているため、別の公認会計士等に代わることによって、新たな視点での監査を受けられることが期待できるからです。

当社の会計監査人である有限責任監査法人○○は、××年6月26日開催予定の第38回定時株主総会終結の時をもって任期満了となります。同監査法人の監査継続年数は長期にわたっており、新たな視点での監査が必要であるとの理由により、他の監査法人と比較検討を行ってまいりました。その結果、上記3の理由により、新たな会計監査人として、△△有限責任監査法人を選任する議案の内容を決定したものであります。

なお、「上記3の理由」とありますが、その記載は次のとおりです。△△有限責任監査法人を後任の公認会計士等の候補者とした理由が記載されています。ここには、品質管理体制、独立性、専門性などから、後任の公認会計士等として適任であると判断した旨を記載します。公認会計士等の異動を決定した理由の記載内容と関係なく、どの開示でも同様の記載がなされます。

監査等委員会が△△有限責任監査法人を会計監査人の候補者とした理由は、新たな視点での監査ができることに加え、同法人の品質管理体制、独立性、専門性、監査活動の実施体制、及び監査報酬の水準等を総合的に勘案した結果、当社の会計監査が適切かつ妥当に行われることを確保する体制を備えていると判断したためであります。

次の事例は、監査報酬を理由とした記載です。この事例でも用いられていますが、監査報酬を理由とした記載では、「事業規模」という表現がよく用いられます。監査報酬を理由とする場合、後任の公認会計士等のほとんどは、前任よりも規模の小さなところとなるため、自社の事業規模に適

代表取締役・代表執行役の異動、公認会計士等の異動　第6節

した監査を受けられることが期待できると記載するのです。

> 　当社の会計監査人である有限責任監査法人○○は、××年6月26日開催予定の第155期定時株主総会終結の時をもって任期満了となります。現在の会計監査人については、会計監査が適切かつ妥当に行われることを確保する体制を十分にそなえているものの、当社の事業規模に適した監査対応や監査費用の相当性等について他の公認会計士等と比較検討いたしました結果、新たに△△監査法人を会計監査人として選任するものであります。

5 「公認会計士等」と「会計監査人」

　適時開示が求められる公認会計士等の異動における「公認会計士等」とは、有価証券報告書に掲載される財務諸表の監査、四半期報告書に掲載される四半期財務諸表の四半期レビュー、そして、内部統制報告書の監査を行う公認会計士または監査法人のことです。

　しかし、上にあげた「公認会計士等」の異動を決定した理由の記載事例のうち、監査報酬を理由としたもののなかには「公認会計士等」という用語が出てきますが、ほかでは「会計監査人」という用語が用いられています。

　ここで、「公認会計士等」と「会計監査人」という異なる用語が出てきて、混乱するかもしれませんが、「公認会計士等」は、上述のとおり金融商品取引法で開示が求められる財務諸表等の監査等を行う者であり、「会計監査人」は、会社法で開示が求められる計算書類等の監査を行う者です（会社法396条1項。「会計監査人」は公認会計士または監査法人でなければならない（会社法337条1項））。

　したがって、「公認会計士等」と「会計監査人」は、あくまで異なる者です。しかし、それらには、当然、同じ公認会計士または監査法人が就任します（異なる公認会計士または監査法人が就任したら、きわめて非効

89

第2章　決定事実・発生事実に関する適時開示の実務のポイント

率）[11]。

　そして、「会計監査人」は株主総会で選任することとされているため（会社法329条1項）、「公認会計士等」の異動に関する開示の主文は、次の事例のように記載します。

　当社は、××年5月15日開催の監査役会において、金融商品取引法第193条の2第1項及び第2項の監査証明を行う公認会計士等（会計監査人）の異動を行うことについて決議するとともに、同日付の取締役会決議にて、××年6月24日開催予定の第100回定時株主総会に「会計監査人選任の件」を付議することを決定いたしましたので、下記のとおりお知らせいたします。

---

6 公認会計士等の異動に関する開示の時期

　会計監査人の異動に係る株主総会付議議案の内容は、監査役会、監査等委員会または監査委員会が決定することとされています（会社法344条・399条の2第3項2号・404条2項2号）。上にあげた主文の記載事例にも、監査役会が決定したと記載されています。

　そのため、公認会計士等の異動に関する開示は、監査役会、監査等委員会または監査委員会において、公認会計士等の異動（会計監査人の異動に係る株主総会付議議案の内容）を決定した時点で行うこととなります。

▶11　東証は、「会計監査人」を「公認会計士等」として選任しなければならないとしている（上規438条）。

90

7 定款の変更、機関設計の変更

1 定款の変更

　定款の変更に関する開示は、意外と不適正な事例が多く、注意を要します。まず定款の変更は株主総会での承認が必要とされますが（会社法466条）、株主総会後ではなく、株主総会への付議を決定した時点で開示しなければなりません。

　開示基準は一応あるのですが、ほかの開示と異なり、定量的なものではなく、①法令の改正等に伴う記載表現のみの変更、②本店所在地の変更、以外の変更は開示が必要とされています[12]。

2 機関設計の変更

　機関設計の変更も定款の変更を伴いますが、通常、定款の変更とは別に、あるいはそれと併せる形で開示されます。なお、機関設計の変更に関する開示のほとんどは、監査役設置会社から指名委員会等設置会社または監査等委員会設置会社への移行に関するものであるため、本書ではそれらにつ

▶12　東証は、これら①②以外の変更であっても、投資家の投資判断に及ぼす影響が軽微であると認められる場合は開示を要しないとしており、具体例として、①公告の電子化、②責任限定契約に関する事項の新設および変更、③役付取締役に関する事項の変更および取締役の任期の短縮、④商号または名称の英文表記の変更、を示している（東京証券取引所上場部編『会社情報適時開示ガイドブック（2018年8月版）』（東京証券取引所、2018年）311頁）。

第2章　決定事実・発生事実に関する適時開示の実務のポイント

いて解説します。

（1）指名委員会等設置会社への移行を決定した理由

　監査役設置会社の場合、取締役会が重要な業務執行を決定しなければならないとされています（会社法362条4項）。それに対して、指名委員会等設置会社の場合、取締役会は、一部の事項を除いて業務執行の決定を執行役に委任することができ（会社法416条4項）、業務執行の決定ではなく監督機能を担うことになります。

　なお、監査役設置会社のように取締役会が業務執行を決定する形態をマネジメント・モデル、指名委員会等設置会社のように取締役会が業務執行を監督する形態をモニタリング・モデルといいます。

　監査役設置会社から指名委員会等設置会社への移行を決定した理由には、次の事例のように、マネジメント・モデルからモニタリング・モデルへの移行を表す「監督と執行の分離」という表現がよく用いられます。

> 　経営の監督と業務執行の分離を明確にしてガバナンスの強化を図るとともに、業務執行の決定権限を取締役会から執行側に大幅に委任して迅速かつ機動的な経営をはかることにより、持続的な成長及びさらなる企業価値の向上をめざす。

（2）監査等委員会設置会社への移行を決定した理由

　監査等委員会設置会社においては、監査役は設置されず（会社法327条4項）、取締役で構成される監査等委員会が監査を行います（会社法399条の2第2項・第3項）。そして、監査役設置会社と同様に、取締役会が重要な業務執行を決定しなければならないとされています（会社法399条の13第4項）。

　しかし、取締役の過半数が社外取締役である場合と、定款で定めた場合

92

には、取締役会の決議により、指名委員会等設置会社のように、一部の事項を除いて業務執行の決定を取締役（執行役ではない）に委任することができるとされています（会社法399条の13第5項・第6項）。したがって、監査等委員会設置会社は、マネジメント・モデルとモニタリング・モデルのどちらも選択できる機関設計であるといえます。

　次の事例は、監査役設置会社から監査等委員会設置会社への移行に関する開示における、移行を決定した理由の記載です。

---

① 　構成員の過半数を社外取締役とする監査等委員会を設置し、監査等委員である取締役に取締役会における議決権を付与することで、取締役会の監督機能を高めることにより、コーポレート・ガバナンスの一層の強化を図るものです。
② 　取締役会が業務執行の決定を広く取締役に委任することを可能にすることで、業務執行と監督を分離するとともに、経営の意思決定を迅速化し、更なる企業価値の向上を図るものです。

---

　①には「監査等委員である取締役に取締役会における議決権を付与することで、取締役会の監督機能を高める」と記載されていますが、監査役を置かず、取締役で構成される監査等委員会に監査を行わせることについては、取締役会に監査機能を取り込むことによって、取締役会の機能を強化するのだと表現することが可能かと思われます。

　また、マネジメント・モデルからモニタリング・モデルへの移行については、②のような指名委員会等設置会社への移行に関する開示と同様な表現が可能かと思われます。ここでも、「執行と監督を分離」と記載されています。

8 臨時株主総会招集のための基準日設定

1 開示の必要性

　会社は、何らかの権利を行使できる株主を確定するために、一定の日を設定することができ（会社法124条1項・2項）、その日を基準日といいます。「臨時株主総会招集のための基準日設定」は、開示が必要な事実として列挙されていませんが、通常、臨時株主総会の開催を決定した場合、その基準日（同日の株主がその臨時株主総会において議決権を行使できる）に関する開示を行います。

　株主総会で決議が必要な事項が生じたけれども、定時株主総会までには時間があり、臨時株主総会の開催が必要になったとします。そうした場合、通常は、まず臨時株主総会の開催を決定して、その後、臨時株主総会に付議する議案の内容が固まった時点で、改めてそれを決定します。なぜそのようにするかというと、後で説明するように臨時株主総会はすぐには開催できず、開催するまでに時間がかかるからです。

　臨時株主総会に付議する議案が、開示が必要な事実であれば、それに関して決定した時点で開示するのは当然ですが、臨時株主総会の開催を決定した時点においても、議決権行使の可否は投資家にとって重要性が高いため、通常はその基準日に関して開示します（会社法に基づく基準日公告が行われるが、通常、それだけでなく開示も行う）。

　次の事例においても、臨時株主総会の日程のみを決定し、付議議案は未

94

だ確定していないとされています（「3. 本臨時株主総会の付議議案について」に「付議議案の詳細につきましては、今後、決定次第お知らせいたします」と記載）。

臨時株主総会招集のための基準日設定に関するお知らせ

　当社は、×１年12月５日開催の取締役会において、臨時株主総会招集のための基準日設定について、決議いたしましたので、下記のとおりお知らせいたします。

記

1. 本臨時株主総会に係る基準日等について

　当社は、×２年２月28日（木）開催予定の臨時株主総会において、議決権を行使することができる株主を確定するため、×２年１月４日（金）を基準日と定め、同日最終の株主名簿に記載または記録された株主をもって、その議決権を行使することができる株主といたします。

(1) 基準日　×２年１月４日（金）
(2) 公告日　×１年12月６日（木）
(3) 公告方法　電子公告により当社ホームページの株主・投資家情報サイト
　　　　　　　内にある「電子公告」欄に掲載いたします。（以下略）

2. 本臨時株主総会の開催日時（予定）
(1) 日時　×２年２月28日（木）　午前10時
(2) 場所　（略）

3. 本臨時株主総会の付議議案

　（前略）において公表いたしましたとおり、×２年４月１日（予定）を効力発生日とする当社と（中略）との分割契約承認の件等を付議する予定でありますが、付議議案の詳細につきましては、今後、決定次第お知らせいたします。

以上

第2章　決定事実・発生事実に関する適時開示の実務のポイント

2　臨時株主総会開催までの日程

　臨時株主総会の開催を決定した場合の日程をまとめると、図表2－6のようになり、さらにこの日程を具体的に示すと、図表2－7のようになります。このように、臨時株主総会の開催を決定してから実際に開催するまでには約2ヵ月を要することになります。

　ただし、基準日公告の掲載を早めに申し込むことによりその期間を短縮することができるほか、公告方法として電子公告（会社法939条1項3号）を採用している場合にも短縮することができます。

図表2－6　臨時株主総会開催までの日程

日程	手続	開示
	臨時株主総会の日程を決定	臨時株主総会招集のための基準日設定の開示（日程のみ開示）
基準日の2週間前まで^(注1)	基準日公告	
株主総会前3ヵ月以内（会社法124条2項）	基準日	
	臨時株主総会に付議する議案を決定^(注2)	付議する議案について開示
株主総会の2週間前まで（会社法295条1項）	株主総会招集通知発送	
	臨時株主総会	

（注1）会社は、基準日を設定した場合、その2週間前までに公告を行わなければならないこととされている（会社法124条3項）。2週間前とは中2週間空けるという意味であるため、基準日の15日前までに公告を行わなければならないことになる。

（注2）議案が確定次第いつでも決定可。基準日公告・基準日前でも可。

96

臨時株主総会招集のための基準日設定　第8節

図表2-7　臨時株主総会開催までの日程例

日程	手続
10月1日	臨時株主総会の日程を決定 「臨時株主総会招集のための基準日設定に関するお知らせ」を開示（日程のみ開示）。
10月15日	基準日公告 公告掲載申込から約2週間後。 臨時株主総会の日程を決定する前に掲載申込をして、これより前に公告をすることも可能。
10月30日	基準日 公告から2週間以上後。 なお、公告日と基準日を含めず、中2週間空ける必要があるため、公告の15日後以降。
10月31日	臨時株主総会に付議する議案を決定 議案が確定次第いつでも決定可。基準日公告・基準日前でも可。 付議する議案について開示。
11月13日	臨時株主総会招集通知発送 基準日における株主の確定に時間がかかるため、基準日から約2週間空ける必要がある。 臨時株主総会の2週間前までに発送。 なお、この場合も、発送日と総会日を含めず、中2週間空ける必要があるため、臨時株主総会の15日以上前。
11月28日	臨時株主総会

第2章

97

9 災害に起因する損害・業務遂行の過程で生じた損害

1 業務遂行の過程で生じた損害

　開示が必要な発生事実である「災害に起因する損害又は業務遂行の過程で生じた損害」のうち、「災害に起因する損害」はイメージしやすいかと思いますが、「業務遂行の過程で生じた損害」を具体的にイメージするのは難しいかと思います。それはとても範囲が広いものです。

　実務上は、「業務遂行の過程で生じた損害」に該当するものなのかについて、その都度する判断するといったことはせず、特別損失が発生して、その額が「災害に起因する損害又は業務遂行の過程で生じた損害」の開示基準に該当した場合、それとして開示します[13]。

　次の事例は、「災害に起因する損害又は業務遂行の過程で生じた損害」に関する開示ですが、特別損失の発生に関する内容となっています。

▶13　東証は、損害を「種々の事故等の災害又は会社の業務遂行の過程で生じたすべての損害（営業損失、営業外損失又は特別損失に計上されるべきもの）」としている（東京証券取引所上場部編『会社情報適時開示ガイドブック（2018年8月版）』（東京証券取引所、2018年）329・558頁）。「営業損失、営業外損失」とあるが、「営業損失」は、売上総利益から販売費及び一般管理費を控除したものであり、「営業外損失」は損益計算書上にはない項目である。ここで、営業損失は販売費及び一般管理費のことを、営業外損失は営業外費用のことを指しているのだろうと思われるが、販売費及び一般管理費は、販売及び一般管理業務により発生した費用であり、営業外費用は、営業活動以外の活動により発生した費用ではあるものの、経常的に発生するものであるため、それらを損害とするのは適当ではないように思われる。ただし、東証の規定に従い、保守的に判断して開示しているのだろうと思われるが、有価証券売却損、有価証券評価損、為替差損、持分法による投資損失など、営業外費用のうち「損」が付されるものを損害として開示している事例は見られる。

災害に起因する損害・業務遂行の過程で生じた損害　第9節

特別損失の発生に関するお知らせ

　当社は、××年3月期第2四半期におきまして、下記のとおり特別損失が発生いたしましたので、その概要をお知らせいたします。

記

1．特別損失の発生とその内容
　当社が過去に製造した製品の一部に不具合があり、得意先において、市場回収処置（リコール）を行うことになりました。これにより、本件に係る当社の負担見込み額として150億円程度（連結、個別）を特別損失（製品保証引当金繰入額）に計上することといたしました。

2．今後の見通し
　××年3月期の第2四半期累計期間及び通期の業績に与える影響につきましては、現在精査中でありますので、確定次第速やかに開示いたします。

以上

2　開示基準

　「災害に起因する損害又は業務遂行の過程で生じた損害」は、開示漏れが生じやすい発生事実です。特別損失が発生したにもかかわらず、それが「災害に起因する損害」にも「業務遂行の過程で生じた損害」にも該当しないと判断して、開示を漏らしてしまうほか、開示基準に該当しないと判断して、開示を漏らしてしまうことがあります。

　「災害に起因する損害又は業務遂行の過程で生じた損害」は、開示基準に「純資産額の3％以上」といった基準があるように、小さな額のものでも開示が必要になることがあります。特に経営成績や財政状態が思わしくない会社の場合、投資家の投資判断への影響が軽微であると思われるようなものでも、開示基準に該当し、開示が必要になってしまうため、注意が必要です。

第2章　決定事実・発生事実に関する適時開示の実務のポイント

3 連結財務諸表には影響を及ぼさない場合

　開示基準に該当する額の特別損失が発生したが、子会社との取引による
ものであるため、それを計上するのは個別財務諸表のみで、連結財務諸表
には相殺されて計上しない場合、あるいは、子会社において開示基準に該
当する額の特別損失が発生したが、自社または他の子会社との取引による
ものであるため、それを計上するのは当該子会社の個別財務諸表のみで、
連結財務諸表には相殺されて計上しない場合、開示は必要でしょうか。

　そうした場合、発生した特別損失は、連結財務諸表に影響を及ぼさない
ため、投資家の投資判断にも影響を及ぼさないように思われます。したがっ
て、開示は不要であると思われるかもしれません。しかし、そうした場合も、
開示が必要と考えます。特別損失の額が開示基準に該当する場合は、たと
えそれが連結財務諸表に影響を及ぼさなくても、それに関して開示しなけ
ればなりません。

100

10 主要株主等の異動、親会社等の異動

1 主要株主等の異動に関する開示

　主要株主の異動が発生した場合と主要株主である筆頭株主の異動が発生した場合、それらに関して開示が必要になります（上規402条2号b）。それらに関する開示は、発生事実に関する開示のなかでは特に頻繁に行われ、実務上重要性の高いものです。

（1）主要株主の異動に関する開示

　主要株主の異動とは、主要株主が主要株主ではなくなる場合と、主要株主ではない者が新たに主要株主になる場合です。

　主要株主とは、議決権比率が10％以上の株主のことですから（金商法163条1項）、議決権比率が10％以上だった者の議決権比率が10％未満になる場合と、議決権比率が10％未満だった者の議決権比率が10％以上になる場合、すなわち議決権比率10％のラインを超える動きがある場合、主要株主の異動に関する開示が必要ということになります。

　なお、主要株主は大株主（上位10名程度の株主）と混同されることが多いのですが、開示が必要になるのは、主要株主の異動が発生する場合であり、大株主の構成が変動しても、主要株主の異動が発生しなければ、開示は不要です。

第2章　決定事実・発生事実に関する適時開示の実務のポイント

（2）主要株主である筆頭株主の異動に関する開示

　主要株主である筆頭株主の異動については、主要株主の異動よりも若干詳細な説明が必要かと思われます。主要株主である筆頭株主の異動とは、主要株主の異動と同様に、主要株主である筆頭株主が主要株主である筆頭株主ではなくなる場合と、主要株主である筆頭株主ではない者が新たに主要株主である筆頭株主になる場合ですが、まず主要株主である筆頭株主が主要株主である筆頭株主ではなくなる場合とは、どのような場合なのかについて説明します。

　主要株主である筆頭株主が主要株主である筆頭株主ではなくなる場合は、3つに分けることができます。すなわち、主要株主である筆頭株主が、①主要株主だが筆頭株主ではない者になる場合、②主要株主でも筆頭株主でもない者になる場合、③主要株主ではないが筆頭株主ではある者になる場合です。このうち主要株主である筆頭株主の異動として開示が必要とされるのは、①と②です[14]。しかし、③に関して開示が不要というわけではありません。③に関しては主要株主の異動として開示が必要とされます（図表2－8参照）。

　主要株主である筆頭株主ではない者が新たに主要株主である筆頭株主になる場合は、逆に考えます。それは、①主要株主だが筆頭株主ではない者が、②主要株主でも筆頭株主でもない者が、③主要株主ではないが筆頭株主ではある者が、新たに主要株主である筆頭株主になる場合の3つに分けることができます。このうち①と②に関しては主要株主である筆頭株主の異動として、③に関しては主要株主の異動として開示が必要とされるのです（図表2－9参照）。

　なお、主要株主である筆頭株主が主要株主である筆頭株主ではなくなる

▶14　東証は、「主要株主である筆頭株主であった者が筆頭株主でなくなる場合」と「筆頭株主でなかった者が主要株主である筆頭株主となる場合」を主要株主である筆頭株主の異動というとしている（東京証券取引所上場部編『会社情報適時開示ガイドブック（2018年8月版）』（東京証券取引所、2018年）336頁）。

102

主要株主等の異動、親会社等の異動　第10節

図表2-8　主要株主である筆頭株主が主要株主である筆頭株主ではなくなる場合

	異動前		異動後		開示
	議決権比率	順位	議決権比率	順位	
①	10%以上	1位	10%以上	2位以下	主要株主である筆頭株主の異動
②	10%以上	1位	10%未満	2位以下	主要株主である筆頭株主の異動
③	10%以上	1位	10%未満	1位	主要株主の異動

図表2-9　主要株主である筆頭株主ではない者が主要株主である筆頭株主になる場合

	異動前		異動後		開示
	議決権比率	順位	議決権比率	順位	
①	10%以上	2位以下	10%以上	1位	主要株主である筆頭株主の異動
②	10%未満	2位以下	10%以上	1位	主要株主である筆頭株主の異動
③	10%未満	1位	10%以上	1位	主要株主の異動

場合、そして、主要株主である筆頭株主ではない者が新たに主要株主である筆頭株主になる場合、それぞれ上述した②を主要株主の異動として開示している事例がありますが、①は主要株主の異動ではないのに対して、②は主要株主の異動でもあるため、特に誤りとはいえないでしょう。

2　親会社等の異動に関する開示

　親会社、その他の関係会社、そして、親会社以外の支配株主の異動が発生した場合も、それらに関して開示が必要になります（上規402条2号g）。

第2章　決定事実・発生事実に関する適時開示の実務のポイント

（1）親会社の異動に関する開示

　親会社の異動とは、親会社であった会社が親会社ではなくなる場合と、親会社ではなかった会社が新たに親会社になる場合です。

　前述のとおり、親会社とは、自社の意思決定を支配することができている会社をいい（財務諸表等規則8条3項。この場合、自社は親会社の子会社）、通常、自社の議決権の50％超を所有していれば、親会社であるといえます（財務諸表等規則8条4項1号）。しかし、自社の議決権の50％超を所有していなくても、実質的に自社の意思決定を支配することができていれば、親会社に該当するとされます（財務諸表等規則8条4項2号・3号）。

　なお、その実質的に自社の意思決定を支配することができているか否かについての判定は、実際のところ非常に難しいため、監査法人などに確認する必要があります。

　次の事例は、親会社であった会社が、親会社に該当せず、その他の関係会社に該当することとなったことに関する開示ですが、「3.　異動前後における株式会社○○ホールディングの所有する議決権の数及び所有割合」の記載のとおり、異動前後における議決権の数と議決権所有割合は同じです。「1.　異動に至った経緯」の記載をみると、実質的に自社の意思決定を支配することができているか否かについて判定したことがわかります。

104

主要株主等の異動、親会社等の異動　第 10 節

親会社の異動に関するお知らせ

　××年 6 月 23 日付けで、当社の親会社であった株式会社○○ホールディングが、下記のとおり親会社に該当せず、その他の関係会社に該当することとなりましたのでお知らせいたします。

記

1. 異動に至った経緯
　当社は、第 18 期有価証券報告書を関東財務局に提出するにあたり、当社の親会社である株式会社○○ホールディングの××年 3 月 31 日現在の当社の直接議決権保有割合が 33.72%（間接保有割合 16.21%）合計 49.94% と当社の議決権の過半数を下回ることと、同社は資産管理会社であり、当社との事業活動における取引関係等は無く、人的関係については、同社の代表取締役社長が当社の取締役を兼務しておりますが、出向者の受入れもなく、当社の経営方針及び事業活動等は当社独自の基準・判断に基づいて行われており、当社の独立性は十分に確保されていることから、総合的に勘案し、株式会社○○ホールディングが親会社に該当せず、その他の関係会社に該当すると判断いたしました。

2. 株式会社○○ホールディングの概要
（略）

3. 異動前後における株式会社○○ホールディングの所有する議決権の数及び所有割合

	属性	議決権の数（議決権所有割合）		
		直接所有分	合算対象分	合計
異動前	親会社	83,870 個 (33.72%)	40,315 個 (16.21%)	124,185 個 (49.94%)
異動後	その他の関係会社	83,870 個 (33.72%)	40,315 個 (16.21%)	124,185 個 (49.94%)

（議決権所有割合は××年 3 月 31 日現在の当社の総議決権個数 248,691 個から算出しております。）

4. 異動による影響
　本異動による業績への影響はございません。

以上

第2章　決定事実・発生事実に関する適時開示の実務のポイント

（2）その他の関係会社の異動に関する開示

　その他の関係会社の異動とは、その他の関係会社であった会社がその他の関係会社ではなくなる場合と、その他の関係会社ではなかった会社が新たにその他の関係会社になる場合です。

　前述のとおり、その他の関係会社とは、自社を関連会社とする会社をいい、関連会社とは、その意思決定に重要な影響を与えることができる会社をいいます（財務諸表等規則8条5項）。通常、自社の議決権の20％以上を所有していれば、その他の関係会社であるといえますが（財務諸表等規則8条6項1号）、親会社の場合と同様、議決権の20％以上を所有していなくても、実質的に自社の意思決定に重要な影響を与えることができていれば、その他の関係会社に該当するとされます（財務諸表等規則8条6項2号～4号）。

　なお、その実質的に自社の意思決定に重要な影響を与えることができているか否かについての判定も、実際のところ非常に難しいため、監査法人などに確認する必要があります。

　次の事例は、その他の関係会社であった会社がその他の関係会社に該当しなくなったことに関する開示ですが、上にあげた親会社の異動に関する開示の事例と同様に、「3.　異動前後における○○株式会社の所有する議決権の数及び所有割合」の記載のとおり、異動前後における議決権の数と議決権所有割合は同じです。これも「1.　異動に至った経緯」の記載をみると、実質的に自社の意思決定に重要な影響を与えることができているか否かについて判定したことがわかります。

主要株主等の異動、親会社等の異動　第10節

その他の関係会社の異動に関するお知らせ

　○○株式会社（東証一部、コード番号△△△△）が、当社の「その他の関係会社」（当社が他の会社の関連会社である場合における当該他の会社）に該当しなくなることとなりましたのでお知らせいたします。

記

1．異動に至った経緯
　○○株式会社が所有する当社の議決権割合は100分の20未満でありますが、同社からの役員派遣（社外取締役1名）により実質的な影響力を受けているため、当社の「その他の関係会社」に該当しております。
　この度、×1年5月27日付の当社適時開示「役員人事に関するお知らせ」のとおり、×1年6月27日開催予定の当社株主総会終結の時をもって、当該役員が任期満了により退任する予定となり、また、本日開催の同社取締役会において×2年3月期第1四半期末（×1年6月30日）をもって、当社は同社の持分法適用会社から除外されることが決議され、あわせて関連会社に該当しなくなる旨も確認いたしました。
　よって、×1年6月27日をもって、同社は当社の「その他の関係会社」に該当しなくなることとなりました。

2．○○株式会社の概要
（略）

3．異動前後における○○株式会社の所有する議決権の数及び所有割合
（×1年6月12日現在）

	属性	議決権の数（議決権所有割合）		
		直接所有分	合算対象分	合計
異動前	その他の関係会社	81,960個 （17.26%）	0個 （0.00%）	81,960個 （17.26%）
異動後	―	81,960個 （17.26%）	0個 （0.00%）	81,960個 （17.26%）

4．異動の年月日
　×1年6月27日（予定）

5．開示対象となる非上場の親会社等の変更の有無等
　該当ありません。

6．今後の見通し
　本件が当社の今期業績に与える影響はありません。

以上

第2章　決定事実・発生事実に関する適時開示の実務のポイント

（3）親会社以外の支配株主の異動に関する開示

　親会社以外の支配株主の異動とは、親会社以外の支配株主であった者が親会社以外の支配株主ではなくなる場合と、親会社以外の支配株主ではなかった者が新たに親会社以外の支配株主になる場合です。

　親会社以外の支配株主とは、自社の主要株主であり、かつ、その主要株主が自己の計算において所有している議決権と、次の①②が所有している議決権とをあわせて、自社の議決権の50％超を所有している者とされています（上規2条42号の2、上施規3条の2）。

　①その主要株主の近親者（二親等内の親族）
　②その主要株主と①が議決権の50％超を自己の計算において所有している会社等（会社、指定法人、組合その他これらに準ずる企業体（外国におけるこれらに相当するものを含む））およびその会社等の子会社

　したがって、親会社以外の支配株主の異動に関する開示の漏れを防ぐためには、主要株主とその主要株主に関わる①②とが所有する自社の議決権数の推移に注意しておく必要があります。

　次の事例は、親会社以外の支配株主の異動に関する開示ですが、第三者割当による新株式発行の割当先が新たに親会社以外の支配株主になるため、第三者割当による新株式発行とともに親会社以外の支配株主の異動に関しても開示しています（親会社以外の支配株主の異動が発生するのは、株式の払込期日である××年11月21日だが、第三者割当による新株式発行を決定した××年11月5日に開示）。

108

主要株主等の異動、親会社等の異動　第10節

第三者割当により発行される株式の募集及び支配株主の異動に関するお知らせ

　当社は、××年11月5日開催の当社取締役会において、下記のとおり第三者割当により発行される株式の募集を行うことについて決議いたしましたので、お知らせいたします。

記

Ⅰ．第三者割当により発行される株式の募集
（略）

Ⅱ．支配株主の異動
（1）異動の経緯
　今回の第三者割当増資の募集に伴い異動が生じる見込みであります。

（2）支配株主の概要
（略）

（3）異動前後における議決権の数及び所有割合

	議決権の数 （所有株式数）	議決権の 所有割合	大株主順位
異動前 （××年11月5日現在）	268,732個 （26,873,200株）	45.16%	第1位
異動後	368,732個 （36,873,200株）	53.05%	第1位

（注1）支配株主の近親者（二親等内の親族）が所有している議決権はありません。
（注2）支配株主及び支配株主の近親者（二親等内の親族）が、議決権の過半数を自己の計算において所有している会社等（会社、指定法人、組合その他これらに準ずる企業体（外国におけるこれらに相当するものを含む。））及び当該会社等の子会社はありません。

（4）異動年月日
　××年11月21日（上記第三者割当における払込日）

（5）今後の見通し
　今回の異動による業績見通しへの影響はありません。

以上

第 2 章　決定事実・発生事実に関する適時開示の実務のポイント

3 開示時期

　前述のとおり、発生事実に関しては、会社にその事実が発生した場合直ちに開示することとされていますが（上規 402 条 2 号）、より正確には会社がその事実の発生を認識することができた場合直ちに開示すべきであるといえます。

　主要株主等や親会社等の異動に関しても、その事実の発生を認識することができた場合直ちに開示しなければなりません。会社が主要株主等や親会社等の異動を認識するのは、大量保有報告書、株主名簿、株主からの報告、増資等の実施のいずれかによるかと思われます。以下、それぞれにより認識する場合について説明します。

（1）大量保有報告書により認識する場合

　会社が主要株主等や親会社等の異動を認識する場合のなかで最も多いのは、大量保有報告書が提出されたことにより認識する場合かと思われます [15]。

　次の事例は、主要株主の異動に関する開示ですが、「1．異動が生じた経緯」の記載のとおり、大量保有報告書に係る変更報告書が提出されたことにより主要株主の異動を認識しています。

　なお、「3．当該株主の議決権の数（所有株式数）及び総株主の議決権の数に対する割合」の記載からわかるように、主要株主である筆頭株主が、主要株主ではないが筆頭株主ではある者になった事例です。

▶15　上場会社の株式を発行済株式総数の 5％超保有することになった者は、大量保有報告書を提出しなければならず（金商法 27 条の 23 第 1 項）、また、大量保有報告書を提出した後、保有割合に 1％以上増加または減少があった場合は、それに係る変更報告書を提出しなければならない（金商法 27 条の 25 第 1 項）。

110

主要株主等の異動、親会社等の異動　第10節

主要株主の異動に関するお知らせ

　当社の主要株主に異動がありましたので、下記のとおりお知らせいたします。

記

1.　異動が生じた経緯
　○○が××年5月17日付で大量保有報告書（変更報告書）を提出したことにより、主要株主の異動が判明いたしました。

2.　異動した（主要株主でなくなった）株主の概要
（略）

3.　当該株主の議決権の数（所有株式数）及び総株主の議決権の数に対する割合

	議決権の数 （所有株式数）	総株主の議決権の 数に対する割合	大株主 順位
異動前 （××年4月23日）	14,622 個 （14,622,180 株）	10.45%	第1位
異動後 （××年5月10日）	12,738 個 （12,738,635 株）	9.11%	第1位

注1.　当該株主が実質的に保有する議決権の数は当社として確認できておりませんが、××年5月17日付で当該株主より提出された大量保有報告書（変更報告書）の記載に基づき、議決権を有するものとして記載しております。
　　　（以下略）
注2.　議決権を有しない株式として発行済株式総数から控除した株式数
　　　3,514,085 株
　　　××年3月31日現在の発行済株式総数
　　　143,378,085 株

4.　今後の見通し
　　今回の異動による当社の業績等への影響はありません。

以上

第2章　決定事実・発生事実に関する適時開示の実務のポイント

（2）株主名簿により認識する場合

　会社は、通常、大量保有報告書が提出されたことによって、主要株主等や親会社等の異動を認識しますが、大量保有報告書が提出されず、株主名簿によって初めて認識する場合もあります。

主要株主の異動に関するお知らせ

　今般、当社の主要株主に下記のとおり異動がありましたので、お知らせいたします。

記

1．異動が判明した経緯
　当社の株主名簿管理人より×1年3月31日現在の株主名簿を受領したところ、異動の事実が判明いたしました。

2．異動した（主要株主でなくなった）株主の概要
（略）

3．当該株主の所有議決権数（所有株式数）及びその議決権の総数（発行済株式総数）に対する割合

	議決権の数 （所有株式数）	総株主の議決権の 数に対する割合※	大株主 順位
異動前 （×1年 9月30日現在）	4,235個 （4,235,661株）	9.99%	第1位
異動後	4,394個 （4,394,661株）	10.37%	第1位

※ 総株主の議決権の数　42,368個（×0年9月30日現在）
　　　　　　　　　　　　42,367個（×1年3月31日現在）

4．異動年月日
　×1年3月31日

5．今後の見通し
　今回の主要株主の異動による業績見通しへの影響はありません。

以上

主要株主等の異動、親会社等の異動　第10節

　大量保有報告書を提出した株主の株式保有割合の増減が1％未満の場合、大量保有報告書に係る変更報告書は提出されないため、株主名簿によって認識することになるのです。

　この事例は、主要株主の異動に関する開示ですが、「1.　異動が判明した経緯」の記載のとおり、株主名簿を受領して主要株主の異動を認識しています。それまで認識することができなかったのは、「3.　当該株主の所有議決権数（所有株式数）及びその議決権の総数（発行済株式総数）に対する割合」の記載からわかるように、異動した株主の株式保有割合の増減が1％未満であり、大量保有報告書に係る変更報告書は提出されなかったからです。

　なお、「3.　当該株主の所有議決権数（所有株式数）及びその議決権の総数（発行済株式総数）に対する割合」の記載からわかるように、主要株主ではないが筆頭株主ではある者が、主要株主である筆頭株主になった事例です。

（3）株主からの報告により認識する場合

　株主からの報告によって会社が主要株主等や親会社等の異動を認識する場合もあります。インサイダー取引の発生の防止などのためにも、会社関係者が会社株式を取得または譲渡する場合、会社に対して報告されるようにしておく必要があります。

　次の事例は、主要株主である筆頭株主の異動に関する開示ですが、「2.　異動が生じた経緯」の記載のとおり、自社の主要株主である筆頭株主からの報告により主要株主である筆頭株主の異動を認識しています。その報告を行った自社の主要株主である筆頭株主は、「6.　今後の見通し」の記載のとおり、自社の「相談役及びその親族が株式の大半を保有する資産管理会社」です。

　なお、「5.　当該株主の所有議決権数（所有株式数）及び総株主の議決権

113

第2章　決定事実・発生事実に関する適時開示の実務のポイント

の数に対する割合」の記載からわかるように、主要株主である筆頭株主が、主要株主だが筆頭株主ではない者になり、主要株主だが筆頭株主ではない者が、主要株主である筆頭株主になった事例です。

主要株主である筆頭株主の異動に関するお知らせ

　当社の主要株主である筆頭株主に異動が生じたことが判明いたしましたので、下記のとおりお知らせいたします。

記

1. 異動年月日
　×1年3月7日

2. 異動が生じた経緯
　当社の主要株主である筆頭株主○○社より、同社が保有する株式の一部を主要株主である△△△△△氏に、×1年3月7日付で譲渡したとの報告を本日受けたことによります。

3. 筆頭株主でなくなる主要株主の概要
　（略）

4. 新たに主要株主である筆頭株主になる株主の概要
　（略）

5. 当該株主の所有議決権数（所有株式数）及び総株主の議決権の数に対する割合
①○○社

	議決権の数 （所有株式数）	総株主の議決権の 数に対する割合※1	大株主 順位※2
異動前	14,771 個 （1,477,104 株）	15.6%	第1位
異動後	14,271 個 （1,427,104 株）	15.1%	第2位

②△△△△△氏

	議決権の数 （所有株式数）	総株主の議決権の 数に対する割合※1	大株主 順位※2
異動前	13,917 個 （1,391,752 株）	14.7%	第2位
異動後	14,417 個 （1,441,752 株）	15.3%	第1位

主要株主等の異動、親会社等の異動　第10節

※1　総株主の議決権の数に対する割合は、×0年9月30日現在の議決権総数（94,430個）を基準に算出しております。
※2　異動後の大株主の順位については、×0年9月30日現在の株主名簿に基づいた順位を記載しております。

6．今後の見通し
　○○社は、当社相談役及びその親族が株式の大半を保有する資産管理会社であり、安定株主として当社株式を長期保有する予定である旨報告を受けております。また、当該異動が当社の経営体制及び業績に与える影響はございません。

以上

（4）増資等の実施に伴い発生する場合

　増資や組織再編などの実施に伴い主要株主等や親会社等の異動が生じることがあります。例えば、第三者割当による新株式発行を行う場合、割当先が新たに主要株主等や親会社等になることがありますし（上にあげた親会社以外の支配株主の異動に関する開示の事例は、この場合）、また、吸収合併を行い、消滅会社の株主に対して合併対価として自社の株式を発行する場合、消滅会社の株主が新たに主要株主等や親会社等になることがあります。そうした場合は、それらの実施を決定した時点で主要株主等や親会社等の異動に関して開示しなければなりません。

　次の事例は、株式の売出しと主要株主である筆頭株主の異動とを同時に開示したものですが、題名、主文の記載、そして、「Ⅱ　主要株主である筆頭株主の異動について」の「1.　異動が生じた経緯」の記載から、株式の売出しに伴い主要株主である筆頭株主の異動が発生することがわかります。主要株主である筆頭株主の異動が発生するのは、株式の売出しが行われた後であり、「Ⅱ　主要株主である筆頭株主の異動について」の「4.　異動年月日（予定）」の記載のとおり、異動年月日は予定とされています（「×1年2月23日」は株式の売出しの受渡期日）。

　なお、「Ⅱ　主要株主である筆頭株主の異動について」の「3.　異動前後

115

第2章　決定事実・発生事実に関する適時開示の実務のポイント

における当該主要株主の所有議決権の数（所有株式数）および総株主の議決権の数に対する割合」の記載からわかるように、主要株主である筆頭株主が、主要株主でも筆頭株主でもない者になり、主要株主でも筆頭株主でもない者が、主要株主である筆頭株主になる事例です。

株式の売出しならびに主要株主である筆頭株主の異動（予定）に関するお知らせ

　本日、当社代表取締役会長○○○○氏から、下記のとおり当社普通株式の売出しを行う旨、報告があり、当該売出しによって×1年2月23日付で当社の主要株主である筆頭株主の異動が見込まれますので、お知らせいたします。

記

Ⅰ　株式の売出しについて
　（略）

Ⅱ　主要株主である筆頭株主の異動について
1. 異動が生じた経緯
　×1年2月23日付で、当社の主要株主である筆頭株主の○○○○氏（当社代表取締役会長）が所有する当社普通株式が△△社に譲渡されることに伴い、以下の通り主要株主である筆頭株主の異動が生じる予定です。

2. 異動する株主の概要
　（略）

3. 異動前後における当該主要株主の所有議決権の数(所有株式数)および総株主の議決権の数に対する割合
(1) △△社

	議決権の数 （所有株式数）	総株主の議決権の 数に対する割合	大株主 順位
異動前 （×0年9月30日現在）	一個 （　一　株）	一　%	一
異動後 （×1年2月23日予定）	15,460個 （15,460,000株）	10.53%	第1位

116

主要株主等の異動、親会社等の異動　第10節

(2)　○○○○氏

	議決権の数 （所有株式数）	総株主の議決権の 数に対する割合	大株主 順位
異動前 （×0年9月30日現在）	19,545 個 （19,545,000 株）	13.31%	第1位
異動後 （×1年2月23日）	4,085 個 （408,500 株）	2.78%	第7位

(注)　1. 議決権を有しない株式として発行済株式総数から控除した株式数　471,119 株

　　　2. ×1年2月8日現在の発行済株式総数 15,152,600 株

　　　3. 大株主順位は×0年9月30日現在の株主名簿を基準に推定した順位を記載しております。

4. 異動年月日（予定）
　×1年2月23日

5. 今後の見通し
　本件が当社の業績に与える影響はありません。

以上

117

COLUMN

適時開示の参考書

　適時開示の参考書といえば、本書自体がそうなのですが、ここで本書以外にいくつか紹介しておきます。

①『会社情報適時開示ガイドブック』（東京証券取引所上場部編、東京証券取引所）

　紹介するまでもなく、適時開示の実務に携わる方は必ず持っているはずです。通読して理解するのは難しいかと思いますので、全体の構成をおおよそ把握しておいて、必要に応じて知らないことを調べるために利用すべきでしょう。

②『株式投資に活かす適時開示』（鈴木広樹著、国元書房）

　筆者が投資家向けに適時開示の読み方を解説したものです。手前味噌になってしまいますが、適時開示の実務で必要となる法律や会計に関する知識についても解説しているので、開示担当者の方にも役に立つ内容です。

③「Disclosure & IR」（ディスクロージャー& IR 総合研究所編）

　宝印刷株式会社（企業の情報開示の支援を行っている会社）グループのディスクロージャー& IR 総合研究所の機関誌です。筆者も同研究所の客員研究員を務めています。年４回刊行され、開示実務全般（適時開示に限らず、金融商品取引法や会社法に基づく情報開示などの実務も）の最新情報が掲載されています。

④「〔検証〕適時開示からみた企業実態」（鈴木広樹著、プロフェッションジャーナル）

　これは番外編です。参考書ではないのですが、税務・会計ウェブ情報誌「プロフェッションジャーナル」（https://profession-net.com/professionjournal/）に、適時開示を基にその企業の実態を検証する記事を筆者が連載しています。

第3章

決算情報・決算関連情報に関する
適時開示の実務のポイント

1 決算短信・四半期決算短信

1 開示前の確認事項

決算短信と四半期決算短信は、定期的に必ず開示が必要とされます。限られた時間のなかで作成作業に追われていると、どうしても誤りが発生しやすくなります。誤りのない開示を行うために、開示前に以下の事項を確認しましょう。

（1）求められている資料を準備できているか

① サマリー情報は最新の様式を用いているか

東証が使用を要請しているサマリー情報の様式は、適用する会計基準や、連結財務諸表作成会社か否かなどによって異なり、様式の内容の変更が行われることもあります。したがって、常に最新の様式を用いてサマリー情報を作成しているかについて確認する必要があります。

② 必要な添付資料を用意しているか

東証が開示を要請している添付資料（決算短信の場合は、経営成績等の概況、会計基準の選択に関する基本的な考え方、連結財務諸表及び主な注記、四半期決算短信の場合は、四半期連結財務諸表及び主な注記、継続企業の前提に関する重要事象等）を漏れなく用意しているかについて確認する必要があります。

決算短信・四半期決算短信　第1節

（2）開示資料に記載された情報は正確か

①　添付資料に記載された財務諸表・四半期財務諸表の数値は正確か

　添付資料に記載された財務諸表・四半期財務諸表の数値が正確か否かを確認するために、各数値間の整合性を確認します。貸借対照表においては、資産の各項目、負債の各項目、純資産の各項目の額を合計して、それぞれの合計額と一致するかといった確認を、損益計算書においては、売上高－売上原価＝売上総利益、売上総利益－販売費及び一般管理費＝営業利益、営業利益＋営業外収益－営業外費用＝経常利益などが一致するかといった確認を行います。そして、整合性がとれない場合は、誤った数値が含まれていることになるため、それを探し出して訂正します。

②　監査人による確認を受けたか

　有価証券報告書に掲載される財務諸表と決算短信に掲載される財務諸表、四半期報告書に掲載される四半期財務諸表と四半期決算短信に掲載される四半期財務諸表、いずれも同じものでなければなりません。そのため、決算短信は、期末後、監査手続が終了する前であっても、監査法人または公認会計士による確認を受け、監査手続の結果、訂正することはないだろうと判断できた時点で、四半期決算短信は、四半期決算後、四半期レビュー手続が終了する前であっても、監査法人または公認会計士による確認を受け、四半期レビュー手続の結果、訂正することはないだろうと判断できた時点で開示します。

③　財務諸表・四半期財務諸表とサマリー情報が整合しているか

　添付資料に記載された財務諸表・四半期財務諸表の数値が正確であることについて確認したら、その数値とサマリー情報の数値とを照らし合わせて、サマリー情報の数値が正確であるか否かについて確認します。

121

第3章　決算情報・決算関連情報に関する適時開示の実務のポイント

④　財務指標は正確か

　サマリー情報に記載される財務指標（決算短信の場合は、対前期増減率、1株当たり当期純利益、潜在株式調整後1株当たり当期純利益、自己資本当期純利益率、総資産経常利益率、売上高営業利益率、自己資本比率、1株当たり純資産、配当性向、純資産配当率、来期の1株当たり当期純利益の予想値、四半期決算短信の場合は、対前期増減率、1株当たり四半期純利益、潜在株式調整後1株当たり四半期純利益、自己資本比率、当期の1株当たり当期純利益の予想値）が正確に計算されているか否かについて、検算・確認します。

⑤　定性的情報のなかの定量的情報は正確か

　添付資料に記載された定性的情報（経営成績や財政状態の概況など）のなかの定量的情報（財務諸表・四半期財務諸表上の数値や財務指標など）が、決算短信・四半期決算短信のほかの箇所に記載されたものと整合しているか否かについて確認します。

⑥　定性的情報のなかのその他の情報は正確か

　定性的情報のうち、定量的情報以外の情報についても、正確であるか否かについて確認します。誤字や脱字の有無はもちろんですが、経済情勢などについて記載した場合、それが正確な根拠に基づくものなのか否かについても確認する必要があります。

2　誤りやすい財務指標

　決算短信のサマリー情報にはさまざまな財務指標が記載されます。ここでは、そのなかで特に計算を誤りやすいものについて説明します。なお、四半期決算短信のサマリー情報にも、1株当たり四半期純利益と潜在株式

122

決算短信・四半期決算短信　第1節

調整後1株当たり四半期純利益が記載されますが、総資産経常利益率、自己資本当期純利益率、純資産配当率は記載されません。

（1）1株当たり当期純利益

①　1株当たり当期純利益の計算

　1株当たり当期純利益（earnings per share：EPS）とこの後で説明する潜在株式調整後1株当たり当期純利益は、「1株当たり当期純利益に関する会計基準（企業会計基準第2号）」（以下「EPS会計基準」という）と「1株当たり当期純利益に関する会計基準の適用指針（企業会計基準適用指針第4号）」（以下「EPS会計基準適用指針」という）に基づいて求めます。

　なお、会社が発行している株式や潜在株式の種類によって、それらの求め方にはさまざまな種類がありますが、ここでは、最も多いと思われるケース、すなわち、会社が発行している株式は普通株式のみであり、かつ、発行している潜在株式は新株予約権の目的となる株式のみであるケースを前提として説明します。

　決算短信のサマリー情報には1株当たり純資産額も記載されますが、この計算の誤りはあまりありません。1株当たり純資産額は、期末時点の純資産額（＝純資産の部合計－新株予約権－非支配株主持分）をそれに対応する期末時点の発行済株式総数で除して求めます（これはEPS会計基準適用指針に基づく。会基指針第4号34項）。

　それに対して、1株当たり当期純利益は、当期純利益（連結財務諸表作成会社の場合は「親会社株主に帰属する当期純利益」）を期中平均株式数で除して求めます。期中の経営成績を表す利益を、期末時点の発行済株式総数ではなく、対応する期中の平均株式数で除して求めるのです（会基第2号12項）。

123

第3章　決算情報・決算関連情報に関する適時開示の実務のポイント

〈1株当たり当期純利益の算式〉

$$1株当たり当期純利益＝\frac{当期純利益^{(注)}}{期中平均株式数}$$

（注）連結財務諸表作成会社の場合は「親会社株主に帰属する当期純利益」

② 期中平均株式数の計算

　期中平均株式数とは、文字どおり期中の各日における株式数を平均したものです。期中平均株式数には2種類の求め方があります。期中のそれぞれの日の発行済株式総数を合計して、それを会計期間の日数で除して求める方法と、株式数を期中に存在した日数により按分して求める方法です（会基第2号50項）

　ここでは、仮に前者の方法を平均法、後者の方法を按分法と呼ぶこととします。平均法は、例えば、365日の会計期間の期中平均株式数であれば、それぞれの日の発行済株式総数を合計して、それを365で除して求めるというものです。按分法は、期首から存在する株式についてはそのままで、期中に増加した株式については、増資日から期末までの日数により按分するというものです。EPS会計基準では「増資日から期末までの日数により按分」が「発行時から期末までの期間に応じた」と表現されており、按分法はイメージしにくいかもしれませんが、算式で表すと次のようになります。

〈期中平均株式数の算式〉

$$期中平均株式数＝期首株式数＋期中増加株式数×\frac{増資日から期末までの日数}{期中日数}$$

　これを単純な事例を用いて考えてみます。期中日数は5日、期首から100株存在し、3日目に50株増加したとします。

決算短信・四半期決算短信　第1節

日	期首株式数	期中増加株式数	発行済株式総数
1	100	0	100
2	100	0	100
3	100	50	150
4	100	50	150
5	100	50	150

　平均法で求めても（(100 + 100 + 150 + 150 + 150) ÷ 5）、按分法で求めても（100 + 50 × 3/5）、期中平均株式数は130株になります。按分法の期中増加株式数の日数按分50 × 3/5は、(0 + 0 + 50 + 50 + 50) ÷ 5と計算しても同じ結果となります。つまり、平均法では、それぞれの日の発行済株式総数の平均を求めるのに対して、按分法では、それぞれの日の増加株式数の平均を求めて、それを期首株式数に足していることになります（図表3-1参照）。

　実務的には、平均法よりも按分法の方が煩雑でなく、容易かと思われます。なお、ここでは期中増加株式数を日数により按分すると説明していますが、月数により按分する方法も認められています（会基指針第4号13項）。

③　自己株式を所有している場合

　1株当たり当期純利益は、株主に帰属する利益を示すものです。したがって、会社が所有する自己株式は、期中平均株式数から除かなければなりません。②の事例で、会社が4日目に自己株式を10株取得していた場合について考えてみます。

125

第3章　決算情報・決算関連情報に関する適時開示の実務のポイント

図表3－1　按分法による期中平均株式数の求め方

増加株式数 0	増加株式数 0	増加株式数 50	増加株式数 50	増加株式数 50	増加株式数を平均化
期首株式数 100	期首株式数 100	期首株式数 100	期首株式数 100	期首株式数 100	
1日目	2日目	3日目	4日目	5日目	

増加株式数 平均値 30	増加株式数 平均値 30	増加株式数 平均値 30	増加株式数 平均値 30	増加株式数 平均値 30	期中平均株式数 130
期首株式数 100	期首株式数 100	期首株式数 100	期首株式数 100	期首株式数 100	
1日目	2日目	3日目	4日目	5日目	

日	期首株式数	期中増加株式数	自己株式数	発行済株式総数 －自己株式数
1	100	0	0	100
2	100	0	0	100
3	100	50	0	150
4	100	50	10	140
5	100	50	10	140

　この場合、期中平均株式数は、平均法では、それぞれの日の発行済株式総数から自己株式数を除いた数の平均を求めて、（100 ＋ 100 ＋ 150 ＋ 140 ＋ 140）÷ 5 ＝ 126 株となります。それに対して、按分法では、自己株式数も日数により按分して、それを株式数から除いて求めます。すなわち、100 ＋ 50 × 3/5 － 10 × 2/5 ＝ 126 株となります。

126

決算短信・四半期決算短信　第1節

④　株式分割または株式併合が行われた場合

　期中に株式分割または株式併合が行われた場合、それが期首（複数の会計期間にわたる財務諸表を表示する場合は、最も古い会計期間の期首）に行われたものと仮定したうえで期中平均株式数を求めます（会基第2号30‐2項）。例えば、②の事例において（表示する会計期間はこの会計期間のみとする）、1株を2株とする株式分割が5日目に行われた場合、次のように仮定したうえで期中平均株式数を求めます。

日	期首株式数	期中増加株式数	発行済株式総数
1	200	0	200
2	200	0	200
3	200	100	300
4	200	100	300
5	200	100	300

　5日目の株数だけを分割後のものにするのではなく、すべての日における株数に分割比率2を乗じたうえで期中平均株式数を求めます。按分法により期中平均株式数を求める場合、期首株式数は100株×2＝200株、期中増加株式数は50株×2＝100株とします。

　なお、按分法により期中平均株式数を求める場合に注意しなければならないのは、株式分割または株式併合が増資前と増資後のどちらで行われたかです。上の事例のように増資後に行われた場合は、期首株式数と期中増加株式数の両方に株式分割または株式併合の比率を乗じます。

　しかし、増資前に行われた場合は、期首株式数には株式分割または株式併合の比率を乗じますが、期中増加株式数はすでに株式分割または株式併合の影響が反映されたものであるため、それには株式分割または株式併合の比率を乗じません。例えば、期首株式数が100株で、1株を2株とする株式分割が行われた後に100株の増資が行われた場合、期首株式数は100

127

第 3 章　決算情報・決算関連情報に関する適時開示の実務のポイント

株 × 2 = 200 株としますが、期中増加株式数は 100 株のままとします。

（2）潜在株式調整後 1 株当たり当期純利益

①　潜在株式調整後 1 株当たり当期純利益の計算

　潜在株式調整後 1 株当たり当期純利益は、潜在株式が顕在化した場合にどれだけ 1 株当たり当期純利益が希薄化するかを示すものです。潜在株式とは、文字どおり未だ顕在化していないが顕在化して株式数の増加をもたらす可能性をもつものであり、典型例が新株予約権の目的となる株式です。新株予約権が行使されて株式を発行すると、株式数が増加します。そこで、潜在株式調整後 1 株当たり当期純利益は、次のような算式で求めます（会基第 2 号 21 項）。

〈潜在株式調整後 1 株当たり当期純利益の算式〉

$$\text{潜在株式調整後 1 株当たり当期純利益} = \frac{\text{当期純利益}^{(注)}}{\text{期中平均株式数} + \text{株式増加数}}$$

　（注）連結財務諸表作成会社の場合は「親会社株主に帰属する当期純利益」

②　株式増加数の計算

　ただし、上の算式で用いる株式増加数は、発行されている新株予約権の目的となる株式数と等しくありません。EPS 会計基準は、これについて次のように仮定します。まず、期中平均株価が新株予約権の行使価額よりも高い場合、新株予約権は期首または発行時にすべて行使されると仮定します。そして、会社は、その新株予約権行使による入金額を用いて、期中平均株価で自己株式を取得すると仮定するのです（会基第 2 号 24 項、26項）。これを単純な事例を用いて考えてみましょう。

128

決算短信・四半期決算短信　第1節

期中平均株価	500円
新株予約権の行使価額	100円
新株予約権の目的となる株式数	100株

　新株予約権者は、このように株価が新株予約権の行使価額よりも高い場合には、当然新株予約権を行使するはずです（そして、取得した株式を売却して売却益を得ようとするはず）。新株予約権の行使により、株式数は100株増加し、会社には、100円×100株＝10,000円が入ってきます。会社は、この10,000円で自己株式を取得します。株価が500円ですから、取得できるのは、10,000円÷500円＝20株です。1株当たり当期純利益の計算において自己株式は除かなければなりませんから、潜在株式調整後1株当たり当期純利益の計算に用いる株式増加数は、この場合、100株−20株＝80株となります。

　株式増加数を100株ではなく80株とするのは、株主価値を低下させているのが80株だからです。会社は、この新株予約権の行使により10,000円を調達しています。100株の株式が増加していますが、会社が時価発行増資により10,000円を調達した場合、増加する株式は10,000円÷500円＝20株です。公正な価額（時価）による株式の発行ならば、株主価値を低下させることにはなりません。10,000円の調達ならば、株式数の増加は20株が適当なのに、80株だけ余計に増加して、株主価値を低下させているのです。

　以上のようにして株式増加数を求めるわけですが、これを算式にまとめると、次のようになります。目的株式数は、新株予約権の目的となる株式数、行使価額は、新株予約権の行使価額です。

株式増加数＝目的株式数−目的株式数×行使価額÷期中平均株価

　この算式は、次のように表現し直すことができます。このように表現す

第3章　決算情報・決算関連情報に関する適時開示の実務のポイント

ると、株式増加数は、目的株式数を期中平均株価と行使価額との乖離により按分して求められることがわかります。行使価額よりも株価が高ければ高いほど新株予約権が行使される可能性が高まり、株式増加数は大きくなり、逆に、行使価額よりも株価が低ければ、誰も新株予約権を行使しようとはせず、株式数は増加しないことになります。このようにイメージした方がわかりやすいかと思います。

〈株式増加数の算式〉

$$株式増加数＝目的株式数－目的株式数×行使価額÷期中平均株価$$

$$＝目的株式数×\left(1-\frac{行使価額}{期中平均株価}\right)$$

$$＝目的株式数×\frac{期中平均株価－行使価額}{期中平均株価}$$

なお、この株式増加数を求める場合、未だ行使期間が到来していない新株予約権も含めなければなりません（会基指針第4号22項）。すなわち、新株予約権の行使期間が未だ到来していなくても、すでに到来していると仮定して扱わなければなりません。

（3）総資産経常利益率

総資産経常利益率は、経常利益を総資産で除して求めます。ここで注意しなければならないのは、総資産は期首と期末の平均を用いるということです。1株当たり当期純利益の計算において、期中の経営成績を表す利益をそれに対応する期中の平均株式数で除したように、ここでも利益には、期末時点の数値ではなく、期中の平均値を対応させて計算します。ただ、期中の各日の総資産の平均を計算するのは困難であるため、期首と期末の平均とします。

決算短信・四半期決算短信　第 1 節

〈総資産経常利益率の算式〉

$$総資産経常利益率 = \frac{経常利益}{総資産の期首と期末の平均} \times 100$$

（4）自己資本当期純利益率

　自己資本当期純利益率は、当期純利益（連結財務諸表作成会社の場合は「親会社株主に帰属する当期純利益」）を自己資本で除して求めます。ここでも注意しなければならないのは、総資産経常利益率を計算する場合と同様に、自己資本は、期末時点の数値ではなく、期首と期末の平均を用いるということです。

〈自己資本当期純利益率の算式〉

$$自己資本当期純利益率 = \frac{当期純利益^{(注)}}{自己資本の期首と期末の平均} \times 100$$

（注）連結財務諸表作成会社の場合は「親会社株主に帰属する当期純利益」

　なお、自己資本の額は、純資産の部の合計額から新株予約権と非支配株主持分の額を引いたものとされています。

自己資本＝純資産の部合計－新株予約権－非支配株主持分

（5）純資産配当率

　純資産配当率は、1 株当たり年間配当金を 1 株当たり純資産額で除して求めます。ここでも注意しなければならないのは、1 株当たり純資産額は、期末時点の数値ではなく、期首と期末の平均を用いるということです。

131

第３章　決算情報・決算関連情報に関する適時開示の実務のポイント

〈純資産配当率の算式〉

$$純資産配当率 = \frac{1株当たり年間配当金}{1株当たり純資産額の期首と期末の平均} \times 100$$

　なお、決算短信のサマリー情報の配当状況には、普通株式に係る現金配当の額を記載するため、分子の１株当たり年間配当金も普通株式に係るものを用います。また、分母の１株当たり純資産額も、連結財務諸表作成会社の場合、決算短信のサマリー情報に連結業績とともに配当状況を記載するため、連結のものを用います。

3　定性的情報の書き方

　決算短信の添付資料には、経営成績と財政状態の概況を記載することとされています。初めてそれらを書く場合、どのように書けばいいのか戸惑うかもしれません。それらの書き方に決まりがあるわけではありませんが、ここでは、初めての方が利用しやすく、かつ、読み手である投資家にもわかりやすいだろうと思われる書き方を紹介しておきます。

（1）経営成績に関する分析

　ここで紹介するのは、売上高の対前期増減率、売上高営業利益率の前期との比較、経常利益と当期純利益の比較の３点を用いた書き方です。

　まず、売上高の対前期増減率によって事業が成長したか否かを分析したうえで、売上高営業利益率の前期との比較によって収益力の変動を分析します。事業が成長して収益力も高まる場合が最も望ましいのはいうまでもありませんが、事業は成長したけれども収益力は低下してしまった場合もあるでしょうし、逆に、事業は成長しなかったけれども収益力は向上したという場合もあるでしょう。

132

決算短信・四半期決算短信　第1節

　次に、経常利益と当期純利益に差額があれば、特別利益か特別損失が計上され、何らかの特殊事情が存在することになるので、それについて触れることになります。例えば次のような単純な事例を用いて考えてみましょう。

指標	データ	原因
売上高の対前期増減率	20%増	A事業の伸び
売上高営業利益率の前期との比較	15%から10%に	人件費の増加（営業強化のため）
経常利益と当期純利益の比較	当期純利益の方が1,000千円小	固定資産除却損の計上

　このような場合は、次のように書くことができるかと思います。

　当期は、前期と比較して、売上高が20%増加しましたが、これは、A事業の順調な伸びによるものであります。しかし、売上高は増加したものの、売上高営業利益率は、前期の15%から10%へと低下しました。これは、人件費の増加によるものであります。営業強化のために人員を増加したため、売上高営業利益率が一時的に低下しましたが、この人員増加は、来期以降の業績に寄与して、さらなる売上高の増加および売上高営業利益率の回復につながるものであると思われます。なお、当期において、不採算店舗の整理に伴って固定資産除却損を計上したため、経常利益よりも当期純利益の方が1,000千円小さくなっております。

　なお、経営成績に関する分析には、全般の情報とセグメント別または事業部門別の情報を記載すべきですが、まずセグメント別または事業部門別の情報を作成し、そのなかから重要な事象を抽出して、全般の情報を作成するといいでしょう。

133

第3章　決算情報・決算関連情報に関する適時開示の実務のポイント

（2）財政状態に関する分析

　財政状態とは、会社がどのように資金を調達して、それをどのように投下しているかであるといえます。したがって、財政状態に関する分析は、前期末と当期末における、負債と純資産の比率と、流動資産と固定資産の比率とを比較したうえで、それらの変動要因が何であるかを分析して書くといいでしょう。ここでも、次のような単純な事例を用いて考えてみます。

		前期末	当期末
資産	流動資産	40,000 百万円	50,000 百万円
	固定資産	60,000 百万円	75,000 百万円
負債		70,000 百万円	75,000 百万円
純資産		30,000 百万円	50,000 百万円
1 株当たり純資産額		30,000 円	40,000 円
自己資本比率		30%	40%

　新株予約権と非支配株主持分は存在せず、前期末における発行済株式総数は1,000,000株でした。この財政状態の変動要因を分析したところ、次のようになりました。

		変動要因	
資産	流動資産	当期純利益	10,000 百万円
	固定資産	固定資産取得	15,000 百万円
負債		社債発行	5,000 百万円
純資産		公募増資	10,000 百万円
		当期純利益	10,000 百万円

　固定資産取得はA事業のための設備投資であり、社債発行と公募増資は、ともにA事業への投資を目的とした資金調達です。公募増資により発行価額40,000円で250,000株の株式が発行され、その結果、当期末にお

134

決算短信・四半期決算短信　第1節

ける発行済株式総数は 1,250,000 株になりました。このような場合の財政
状態に関する分析は、次のように書くことができるかと思います。

　当期純利益 10,000 百万円の計上、そして、A 事業への投資を目的とし
た 10,000 百万円の公募増資により、純資産は、前期末の 30,000 百万
円から 50,000 百万円となりました。また、公募増資により調達した資金
に加えて、社債発行により調達した 5,000 百万円を投資して、A 事業のた
めの新規設備を取得したため、固定資産は、前期末の 60,000 百万円から
75,000 百万円となりました。以上の結果、総資産は前期末の 100,000
百万円から 125,000 百万円、1 株当たり純資産額は前期末の 30,000 円
から 40,000 円、自己資本比率は前期末の 30%から 40%となりました。

第3章

135

2 業績予想の修正

1 開示基準

　決算短信のサマリー情報に業績予想を記載し、これを修正する場合は、業績予想の修正に関する開示が必要になります（上規405条1項）。ただし、決定事実や発生事実と同様に、業績予想の修正もすべて開示しなければならないというわけではなく、開示基準が定められており、売上高の予想値については10％以上、利益の予想値については30％以上の乖離が生じる修正である場合に開示が必要とされています（上施規407条。したがって、比較する予想値の片方が0の場合と、比較する予想値の間で黒字と赤字の違いがある場合は、すべて開示が必要となる）。

2 予想値と実績値の差異

　業績予想の修正に関する開示が必要とされるのは、開示していた予想値と新たな予想値との間に基準以上の乖離が生じた場合だけではありません。開示していた予想値とその予想していた期の実績値との間に基準以上の乖離が生じた場合も、それに関して開示が必要になるため、注意が必要です。ただし、そうした場合、通常、予想値と実績値の差異に関して開示するのではなく、予想していた期の決算短信を開示する前に、業績予想の修正に関して開示します（「予想値と実績値の差異」としてではなく、あ

136

業績予想の修正　第2節

くまで「業績予想の修正」として開示する)。

3 業績予想を開示していない場合

　決算短信のサマリー情報に業績予想を記載しなかった会社であっても、業績予想の修正に関する開示が不要になるわけではありません。そのような会社においては、新たに予想値を開示することとして、それと前期の実績値との間に基準以上の乖離が生じた場合、そして、最後まで予想値を開示しなくても、前期の実績値と当期の実績値との間に基準以上の乖離が生じた場合、それに関して開示が必要になります(ただし、詳しくは後で述べるが、最後まで予想値を開示せず、前期の実績値と当期の実績値との差異に関して開示するのは、実務上望ましくない)。

4 個別業績予想と上場子会社における業績予想の修正

　連結財務諸表作成会社の場合、個別業績予想と上場子会社における業績予想の修正に関して開示が必要になる点に注意が必要です(ただし、こちらは、売上高、経常利益、当期純利益における基準以上の乖離に関してのみ。上規405条3項)。特に、決算短信において個別業績の開示は省略することができますが、開示を省略した場合であっても、前期の実績値と当期の実績値との間に基準以上の乖離が生じた場合は、それに関して開示が必要となる点に注意が必要です。

5 業績予想を開示しない場合のその後の実務

　上場会社のなかには合理的な業績予想を開示することが困難な会社もあるかと思われます。そうした会社の場合は、業績予想を開示しないことが

137

第３章　決算情報・決算関連情報に関する適時開示の実務のポイント

合理的なはずです（例えば、証券会社はほとんどが業績予想を開示していない）。合理的な業績予想を開示することが困難であるのに、無理に合理的ではない業績予想を開示した場合、投資家に誤った判断をさせてしまう可能性があります。

　業績予想を開示しない場合、すなわち決算短信のサマリー情報に来期の業績予想を記載しない場合のその後の実務は、どのようなものになるのでしょうか。基本的には、上述のとおり、新たに予想値を開示することとして、それと前期の実績値との間に基準以上の乖離が生じた場合、そして、最後まで予想値を開示しなくても、前期の実績値と当期の実績値との間に基準以上の乖離が生じた場合、それに関して開示することになります。

（1）望ましくない実務

　次の事例は、ある会社の決算短信のサマリー情報における来期の業績予想に関する記載です。この会社は業績予想を開示していません。

> 証券業を主たる業務としている当社グループの業績は、株式市況等の影響により変動しやすいため、業績予想は行っておりません。

　この会社は、期中において新たに予想値を開示することはなく、決算短信を開示する際、同時に以下のような開示を行っています。前期の実績値と当期の実績値との間に基準以上の乖離が生じたため、それに関して開示しているのです。

138

業績予想の修正　第2節

×2年3月期業績と×1年3月期業績との差異に関するお知らせ

　×2年3月期(×1年4月1日～×2年3月31日)の業績と×1年3月期(×0年4月1日～×1年3月31日)の業績に差異が生じましたので、下記のとおりお知らせいたします。

記

1．業績の差異
(1) 単体業績　　　　　　　　　　　　　　　　　　　　(単位：百万円)

	営業収益	営業利益	経常利益	当期純利益
×2年3月期の業績（A）				
×1年3月期の業績（B）		（略）		
増減額　（C）＝（A）－（B）				
増減率　（C）／（B）				

(2) 連結業績　　　　　　　　　　　　　　　　　　　　(単位：百万円)

	営業収益	営業利益	経常利益	当期純利益
×2年3月期の業績（A）				
×1年3月期の業績（B）		（略）		
増減額　（C）＝（A）－（B）				
増減率　（C）／（B）				

(注) 単位未満切捨て

2．差異が生じた理由
(略)

以上

　決算短信のサマリー情報に来期の業績予想を記載せず、期中においても新たに予想値を開示しない場合の実務はこのようになります。前期の実績値と当期の実績値との間に基準以上の乖離が生じた場合、それに関して決算短信と同時に開示するのです。

第3章　決算情報・決算関連情報に関する適時開示の実務のポイント

　しかし、前期の実績値と当期の実績値との間に基準以上の乖離が生じるか否かは、決算短信を開示するよりも前に、当期の実績値の概算額を算定することができた時点で判明しているはずです。本来であれば、その時点で速やかに開示すべきでしょう。こうした決算短信と同時の開示に対して、投資家は決して良い印象をもたないだろうと思われます。

　また、前期の実績値と当期の実績値との間に生じた基準以上の乖離はインサイダー取引規制上の重要事実です（金商法166条2項3号）。そうしたインサイダー情報を決算短信の開示まで社内に抱えておくのはリスクが高いといえます。

(2) 望ましい実務

　それでは、どのような実務が望ましいのでしょうか。合理的な業績予想を開示することが困難で、決算短信のサマリー情報に来期の業績予想を記載しない場合でも（合理的な業績予想を開示することが可能ならば記載すべきである）、合理的な業績予想を開示することができる時点になったら、それに関して速やかに開示すべきであるといえるでしょう（少なくとも、業績予想を算定して、それと前期の実績値との間に基準以上の乖離が生じていれば、必ず開示しなければならない）。どんなに遅くても決算期末後には合理的な業績予想（その場合、予想値というよりは概算額）を開示することができるはずです。上にあげた事例の場合、当期の実績値の概算額を算定することができた時点で、それを当期の業績予想として開示すべきであったといえます。

　次の事例は、別の会社の決算短信のサマリー情報における来期の業績予想に関する記載です。この会社も業績予想を開示していないのですが、業績予想に代えて四半期および年間の決算速報値を開示するとしています。

140

業績予想の修正　第2節

> 当社グループの主たる事業である金融商品取引業の業績は、証券市場の変動に大きな影響を受ける状況にあり、その業績予想を行うことは困難であるため記載しておりません。それに代えて四半期及び年間の決算速報値を開示しております。

　そして、この会社は、四半期末後、四半期決算短信を開示するよりも前に四半期決算速報値を、決算期末後、決算短信を開示するよりも前に決算速報値を開示しています。次の事例は、×1年7月19日に開示された「×2年3月期第1四半期連結決算速報値に関するお知らせ」です。四半期決算短信が開示される7月28日よりも前の7月19日に、その速報値が開示されています。

×2年3月期第1四半期 連結決算速報値に関するお知らせ

　×2年3月期第1四半期 連結決算につきましては、7月28日に正式発表の予定ですが、決算の概数がまとまりましたので、下記のとおり速報値としてお知らせいたします。

記

×2年3月期第1四半期 連結業績速報（×1年4月1日～×1年6月30日）

	営業収益	営業利益	経常利益	当期純利益
×2年3月期第1四半期（速報値）				
×1年3月期第1四半期（実績）				
×1年3月期年間 （実績）				

　金融商品取引業は、証券市場の変動を大きく受ける市況産業であるため、当社は通常の業績予想を開示しておりません。

141

第3章　決算情報・決算関連情報に関する適時開示の実務のポイント

> 　上記の業績速報値につきましては、現時点での合理的な判断による見込みであり、実際の業績は速報値と異なる可能性があります。
>
> 以上

　次の事例は、また別の会社の決算短信のサマリー情報における来期の業績予想に関する記載の一部です。この会社の場合、決算短信のサマリー情報には来期の業績予想を記載せず、第1四半期の決算発表時に第2四半期連結累計期間の連結業績予想を、第3四半期の決算発表時に通期の連結業績予想を開示するのです。

> 　当社は、第1四半期（4月1日より6月30日まで）の決算発表時（7月下旬または8月上旬）に第2四半期連結累計期間の連結業績予想を公表し、第3四半期（10月1日より12月31日まで）の決算発表時（翌年1月下旬または2月上旬）に通期の連結業績予想を公表しております。

　次の事例は、この会社が×1年7月29日に開示した「×2年3月期第2四半期（累計）連結業績予想に関するお知らせ」と×2年1月31日に開示した「×2年3月期通期連結業績予想に関するお知らせ」です。「2.公表の理由」の記載にあるとおり、長期の連結業績予想が困難であるため、第1四半期の決算発表時に第2四半期連結累計期間の連結業績予想を、第3四半期の決算発表時に通期の連結業績予想を開示するとしています。

142

業績予想の修正　第2節

×2年3月期 第2四半期（累計）連結業績予想に関するお知らせ

　当社は、×1年5月10日公表の「×1年3月期 決算短信 [IFRS]（連結）」において未定としておりました、×2年3月期第2四半期（累計）連結業績予想につき、下記のとおりお知らせいたします。

記

1. ×2年3月期第2四半期（累計）連結業績予想（×1年4月1日～×1年9月30日）
（略）

2. 公表の理由
　当社グループの収益の大きな部分を占める情報・通信事業の製品群は、その多くが中間生産材・部材であり、当社製品を使用して製造されるハイテク部品、さらにそれらを使用して製造されるデジタル家電製品等最終消費財の景況によってその伸長が大きく左右されます。また、海外売上比率が大きく、為替変動の影響を受ける可能性が大きいことから、長期の連結業績予想が困難であります。そこで、第1四半期（4月1日より6月30日まで）の決算発表時に第2四半期連結累計期間の連結業績予想を公表しております。本日、「×2年3月期 第1四半期決算短信 [IFRS]（連結）」を開示いたしましたので、×2年3月期の第2四半期連結累計期間の連結業績予想を公表いたしました。当社の×2年3月期の第2四半期連結累計期間の連結業績予想としましては初めての公表になりますので、お知らせいたします。（以下略）

※上記の業績予想は、当社および当社グループが現時点で入手可能な情報から得られた判断に基づいておりますが、リスクや不確実性を含んでおります。実際の業績は、様々な要素により、これら業績予想とは大きく異なる結果となり得ることをご承知おき下さい。実際の業績に影響を与えうる重要な要素には当社の事業を取り巻く経済情勢、市場の動向、為替レートの変動などが含まれます。

以上

第3章　決算情報・決算関連情報に関する適時開示の実務のポイント

×2年3月期 通期連結業績予想に関するお知らせ

　当社は、×1年10月31日公表の「×2年3月期 第2四半期決算短信[IFRS]（連結）」において未定としておりました、×2年3月期（×1年4月1日～×2年3月31日）の通期連結業績の予想につきまして、下記のとおりお知らせいたします。

　また、最近の業績の動向等を踏まえ、通期業績の予想が、前連結会計年度の実績値との対比においてその差異が開示基準に達する見通しとなりましたので、あわせてお知らせいたします。当社はこれまで当該期間に係る業績予想を公表しておりませんので、対比につきましては前連結会計年度の実績値との比較となっております。

記

1．×2年3月期（通期）連結業績予想（×1年4月1日～×2年3月31日）
① 前回発表予想との比較
（略）

② 前連結会計年度の実績値との比較　　　　　　　　　　（単位：百万円）

	売上収益	税引前利益	当期利益	親会社の所有者に帰属する当期利益	基本的1株当たり当期利益
前連結会計年度実績（A）（×1年3月期）					
今回発表予想（B）（×2年3月期）			（略）		
増減額（B-A）					
増減率（%）					

（注）（略）

144

業績予想の修正　第2節

2．公表の理由

　当社グループの収益の大きな部分を占める情報・通信事業の製品群は、その多くが中間生産材・部材であり、当社製品を使用して製造されるハイテク部品、さらにそれらを使用して製造されるデジタル家電製品等最終消費財の景況によってその伸長が大きく左右されます。また、海外売上比率が大きく、為替変動の影響を受ける可能性が大きいことから、長期の連結業績予想が困難であります。そこで、第1四半期（4月1日より6月30日まで）の決算発表時に第2四半期連結累計期間の連結業績予想を公表し、第3四半期（10月1日より12月31日まで）の決算発表時に通期の連結業績予想を公表しております。

　本日、「×2年3月期 第3四半期決算短信［IFRS］（連結）」を開示いたしましたので、×2年3月期通期の連結業績予想を公表いたしました。当社の×2年3月期通期の連結業績予想としましては初めての公表になります。

〈前連結会計年度実績との差異が生じた理由〉
（略）

※上記の業績予想は、当社および当社グループが現時点で入手可能な情報から得られた判断に基づいておりますが、リスクや不確実性を含んでおります。実際の業績は、様々な要素により、これら業績予想とは大きく異なる結果となり得ることをご承知おき下さい。実際の業績に影響を与えうる重要な要素には当社の事業を取り巻く経済情勢、市場の動向、為替レートの変動などが含まれます。

以上

　両社とも、決算短信を開示する時点では合理的な来期の業績予想を開示することが困難なため、決算短信のサマリー情報には来期の業績予想を記載していません。しかし、その後、合理的な業績予想の開示が可能になった時点で、それに関して速やかに開示しようとしています（一方は「速報値」という形で）。両社の事例は、業績予想を開示しない場合のその後の実務のあり方として参考になるかと思われます。

<table>
<tr><td>**3**</td><td># 配当予想の修正、
剰余金の配当</td></tr>
</table>

1 配当予想の修正に関する開示

　決算短信のサマリー情報には来期の配当予想も記載しますが、これを修正する場合も、配当予想の修正として開示が必要になります（上規405条2項）。注意しなければならないのは、業績予想の修正と異なり、配当予想の修正に関しては開示基準が定められておらず、新たな配当予想を算出した場合はすべて開示が必要になるということです。

　また、これは業績予想の修正と同様ですが、決算短信のサマリー情報に来期の配当予想を記載しなかった場合であっても、配当予想の修正に関する開示が不要になるわけではない点にも注意が必要です。その場合、新たに算出した配当予想に関してはすべて開示しなければなりません。

2 剰余金の配当に関する開示

　剰余金の配当は決定事実ですが（上規402条1号h）、配当予想の修正と関係があるため、ここで説明します。

　まず剰余金の配当に関しても開示基準が定められておらず、それを決定した場合はすべて開示が必要になります。開示していた配当予想と同額の剰余金の配当を決定した場合であっても、それに関して開示が必要になるのです。

配当予想の修正、剰余金の配当　第3節

　ただし、決算短信や四半期決算短信の開示と同時に剰余金の配当を決定した場合は、剰余金の配当に関して開示するのではなく、決算短信や四半期決算短信にその内容を記載すればいいとされています。したがって、通常、剰余金の配当は、決算短信や四半期決算短信の開示と同時期に決定されるため、剰余金の配当に関する開示が行われることは、実際のところそれほど多くありません。

　なお、配当予想と異なる額の剰余金の配当を決定する場合は、それに先立って配当予想の修正に関して開示しなければなりません。いきなり剰余金の配当に関して開示するのではなく、まず配当予想の修正に関して開示したうえで、それと同額の剰余金の配当を決定し、それに関して開示するのです。

147

COLUMN

開示担当者のスキルアップ

　開示担当者のスキルアップの方法というと、開示実務には会計や法律に関する知識が必要とされるため、それらに関係する資格や検定の利用を考える方が多いかと思います。確かにそうしたものも有効なのですが、利用すると開示能力そのものの向上に直接つながる「財務報告実務検定（開示様式理解編）」があります。

　財務報告実務検定（開示様式理解編）とは、日本 IPO 実務検定協会が運営している検定で、開示能力を幅広く問う内容になっています（金融商品取引法や会社法に基づく情報開示のほか、適時開示も）。

　1,000 点満点で、400 ～ 599 点は、開示実務補助者としての能力を備えているレベル、600 ～ 799 点は、開示実務担当者としての能力を備えているレベル、そして、800 ～ 1,000 点は、財務報告書類の作成・開示を指揮する能力を備えているレベルとされています。

　試験は CBT（Computer Based Testing）方式（コンピュータを利用した方式）で行われるため、試験会場は全国各地にあり、試験の日時も自由に選択することができます。

　財務報告実務検定（開示様式理解編）の公式テキストとして『財務報告実務検定（開示様式理解編）公式テキスト』（日本 IPO 実務検定協会編、宝印刷株式会社監修）が発行されていますので、まずはそれを手にとってみてはいかがでしょうか。

資　料

適時開示の基準

資　料　適時開示の基準

　重要事実の開示基準を以下にまとめました（上施規401条、402条、403条、404条、407条に基づき作成）。もとになる開示基準の記載は読みにくいものばかりなので、可能なかぎりわかりやすい表現にするよう心がけました。それぞれの事実に関して、開示基準に該当すれば、開示が必要になります。開示基準が複数ある場合は、いずれかの基準に該当すれば、開示が必要です。

　なお、開示基準の記載にあたっては、重要事実が当期に属することを前提としています。例えば、事業の譲渡に関する開示基準のうち、「当期又は翌期のいずれかにおける売上高の減少見込額が、前期の売上高の10％以上」というものがありますが、これは、事業の譲渡の予定日が当期に属することを前提としています（もとになる記載は、「当該事業の譲渡の予定日の属する連結会計年度及び翌連結会計年度の各連結会計年度においていずれも当該事業の譲渡による連結会社（上場会社を連結財務諸表提出会社とする連結会社をいう。以下第404条までにおいて同じ。）の売上高の減少額が直前連結会計年度の売上高の100分の10に相当する額未満であると見込まれること」（上施規401条2号a（b））が軽微基準（開示が不要となる基準）の1つであるというもの）。通常、重要事実は当期に属すると思われますが、来期以降に属する場合は、影響が及ぶ期間がずれることになりますので、確認するようにしてください。

150

1　決定事実の開示基準

・連結財務諸表作成会社の場合、※を付した開示基準には連結財務諸表上の数値と個別財務諸表上の数値の両方を当てはめて、適時開示が必要か否かを判断（※を付していない開示基準には連結財務諸表上の数値のみを当てはめて判断）。また、「当期純利益」を用いた開示基準は「親会社株主に帰属する当期純利益」に置き換えて適用。

・IFRS適用会社の場合、「経常利益」を用いた開示基準は適用されず、また、「当期純利益」を用いた開示基準は「親会社の所有者に帰属する当期利益」に置き換えて適用。

事実	開示基準
新株式発行	発行価額の総額が1億円以上[*1]
株式売出し	売出価額の総額が1億円以上
新株予約権発行	新株予約権の発行価額と行使価額の合計額の総額が1億円以上[*1]
新株予約権売出し	新株予約権の売出価額と行使価額の合計額の総額が1億円以上
新株予約権付社債発行	社債の発行価額・新株予約権の発行価額・新株予約権の行使価額の合計額の総額が1億円以上[*1]
新株予約権付社債売出し	社債の売出価額・新株予約権の売出価額・新株予約権の行使価額の合計額の総額が1億円以上
転換社債型新株予約権付社債発行	社債の発行価額の総額（新株予約権の行使にあたって出資に充てられる社債の額）が1億円以上[*1]
転換社債型新株予約権付社債売出し	社債の売出価額の総額が1億円以上
	新株予約権の行使価額の総額が1億円以上
自己株式の処分	処分価額の総額が1億円以上
発行登録及び需要状況調査の開始	すべて開示
資本金の額の減少	すべて開示
資本準備金又は利益準備金の額の減少	すべて開示

資　料　適時開示の基準

株式無償割当又は新株予約権無償割当	すべて開示
自己株式の取得	すべて開示
株式の分割又は併合	すべて開示
剰余金の配当	すべて開示
株式交換	すべて開示
株式移転	すべて開示
合併	すべて開示
会社分割	すべて開示
事業の譲渡	前期末における譲渡事業に係る資産の帳簿価額が前期末における純資産額の30%以上※
	当期又は翌期のいずれかにおける売上高の減少見込額が前期の売上高の10%以上※
	当期又は翌期のいずれかにおける経常利益の増減見込額が前期の経常利益[*2]の30%以上
	当期又は翌期のいずれかにおける当期純利益の増減見込額が前期の当期純利益[*3]の30%以上
事業の譲受け[*4]	資産の増加見込額が前期末における純資産額の30%以上※
	当期又は翌期のいずれかにおける売上高の増加見込額が前期の売上高の10%以上※
	当期又は翌期のいずれかにおける経常利益の増減見込額が前期の経常利益[*2]の30%以上
	当期又は翌期のいずれかにおける当期純利益の増減見込額が前期の当期純利益[*3]の30%以上
解散	すべて開示
新製品又は新技術の企業化	翌3期間のいずれかにおける売上高の増加見込額が前期の売上高の10%以上※
	特別に支出する見込額が前期末における固定資産の帳簿価額の10%以上※
業務提携	翌3期間のいずれかにおける売上高の増加見込額が前期の売上高の10%以上※
資本提携を伴う業務提携[*5]	株式を取得する場合、取得価額が前期末における純資産額と資本金の額の大きい方の10%以上※
	株式を取得される場合、取得される株式数が前期末における発行済株式総数の5%超

1　決定事実の開示基準

合弁会社設立[*5]	合弁会社の翌3期間のいずれかの	期末における総資産の予想帳簿価額に出資比率を乗じたものが前期末における純資産額の30%以上※
		予想売上高に出資比率を乗じたものが前期の売上高の10%以上※
子会社取得	新子会社の資本金の額が資本金の10%以上[*6]	
	前期における新子会社との仕入又は売上取引高が総仕入又は総売上高の10%以上[*7]	
	新子会社の前期の	期末における総資産の帳簿価額が前期末における純資産額の30%以上※
		売上高が前期の売上高の10%以上※
		経常利益が前期の経常利益[*2]の30%以上
		当期純利益が前期の当期純利益[*3]の30%以上
	新子会社取得の対価の額が前期末における純資産額の15%以上※[*8]	
子会社の売却	子会社の資本金の額が資本金の10%以上	
	前期における子会社との仕入又は売上取引高が総仕入又は総売上高の10%以上[*7]	
	子会社の前期の	期末における総資産の帳簿価額が前期末における純資産額の30%以上※
		売上高が前期の売上高の10%以上※
		経常利益が前期の経常利益[*2]の30%以上
		当期純利益が前期の当期純利益[*3]の30%以上
子会社の設立	子会社の資本金の額が資本金の10%以上	
	子会社の翌3期間のいずれかにおける	子会社との仕入又は売上取引高の見込額が前期の総仕入又は総売上高の10%以上[*7]
		期末における総資産の帳簿価額の見込額が前期末における純資産額の30%以上※
		売上高の見込額が前期の売上高の10%以上※

資料

153

資　料　適時開示の基準

		経常利益の見込額が前期の経常利益[*2]の 30％以上
		当期純利益の見込額が前期の当期純利益[*3] の 30％以上
固定資産の譲渡	固定資産の前期末における帳簿価額が前期末における純資産額の 30％以上※	
	経常利益の増減見込額が前期の経常利益[*2] の 30％以上	
	当期純利益の増減見込額が前期の当期純利益[*3] の 30％以上	
固定資産の取得	固定資産の取得見込価額が前期末における純資産額の 30％以上※	
リースによる固定資産の賃貸	賃貸する固定資産の帳簿価額が前期末における純資産額の 30％以上	
リースによる固定資産の賃借	リース金額の合計見込額が前期末における純資産額の 30％以上	
事業の全部又は一部の休止又は廃止	翌 3 期間のいずれかにおける	売上高の減少見込額が前期の売上高の 10％以上※
		経常利益の増減見込額が前期の経常利益[*2] の 30％以上
		当期純利益の増減見込額が前期の当期純利益[*3] の 30％以上
上場廃止の申請	すべて開示	
破産手続開始、再生手続開始又は更生手続開始の申立て	すべて開示	
新たな事業の開始	翌 3 期間のいずれかにおける売上高の増加見込額が前期の売上高の 10％以上※	
	特別に支出する見込額が前期末における固定資産の帳簿価額の 10％以上※	
公開買付け又は自己株式の公開買付け	すべて開示	
公開買付けに関する意見表明等	すべて開示	
ストック・オプションの付与	すべて開示	
代表取締役又は代表執行役の異動	すべて開示	

1 決定事実の開示基準

人員削減等の合理化	翌3期間のいずれかにおける	売上高の減少見込額が前期の売上高の10%以上
		経常利益の増減見込額が前期の経常利益*2 の30%以上
		当期純利益の増減見込額が前期の当期純利益*3 の30%以上
商号又は名称の変更	すべて開示	
単元株式数の変更又は単元株式数の定めの廃止若しくは新設	すべて開示	
事業年度の末日の変更	すべて開示	
預金保険法に基づく申出	すべて開示	
特定調停法に基づく申立て	希望する調停条項において調停の対象とする金銭債務の総額が前期末における債務の総額の10%以上	
上場債券に係る繰上償還又は社債権者集会の招集等	すべて開示	
普通出資の総口数の増加を伴う事項	すべて開示	
公認会計士等の異動	すべて開示	
継続企業の前提に関する注記	すべて開示	
有価証券報告書又は四半期報告書の提出遅延に係る承認申請書の提出	すべて開示	
株式事務代行機関への委託の取りやめ	すべて開示	
内部統制に開示すべき重要な不備がある旨又は内部統制の評価結果を表明できない旨を記載する内部統制報告書の提出	すべて開示	
定款の変更*9	法令の改正等に伴う記載表現のみの変更	以外の変更
	本店所在地の変更	

資　料　適時開示の基準

上場無議決権株式、上場議決権付株式（複数の種類の議決権付株式を発行している会社が発行するものに限る。）又は上場優先株等（子会社連動配当株を除く。）に係る株式の内容その他のスキームの変更	すべて開示
全部取得条項付種類株式の全部の取得	すべて開示
株式等売渡請求の承認又は不承認	すべて開示
買収防衛策の導入、発動、変更又は廃止	すべて開示

＊１　株主割当により発行する場合と、買収防衛策の導入または発動に伴い発行する場合は、すべて開示しなければならない（上施規401条1号）。

＊２　前期の経常利益が前期の売上高の2％未満の場合は、以下の①と②のいずれか大きい額に置き換える。
　　①　直前5期間の経常利益の平均（赤字は0として計算）
　　②　前期の売上高の2％

＊３　前期の当期純利益が前期の売上高の1％未満の場合は、以下の①と②のいずれか大きい額に置き換える。
　　①　直前5期間の当期純利益の平均（赤字は0として計算）
　　②　前期の売上高の1％

＊４　このほか、発行済株式または持分の全部を所有する子会社からの事業の全部または一部の譲受けに関して開示が必要とされる（取引規制府令49条8号ハ）。

＊５　この開示基準に該当しなくても、業務提携の開示基準に該当すれば、開示が必要になる。

＊６　子会社取得に伴い新子会社の資本金の額が増加する場合は、増加した資本金の額を用いて適時開示が必要か否かを判断する。

＊７　連結財務諸表提出会社であっても、この基準には個別財務諸表上の数値のみを当てはめて、適時開示が必要か否かを確認する。

＊８　新子会社取得の対価の額には、株式または持分の売買代金、子会社取得にあたって支払う手数料、報酬その他の費用等の額が含まれる。また、他に一連の行為として行われる子会社取得（実質的に一体のものと認められる子会社取得）がある場合は、その対価もあわせて適時開示が必要か否かを判断する。

＊９　この開示基準に該当する場合であっても、投資家の投資判断に及ぼす影響が軽微であると東証が認めた場合は開示が不要とされる。

2 発生事実の開示基準

・連結財務諸表作成会社の場合、※を付した開示基準には連結財務諸表上の数値と個別財務諸表上の数値の両方を当てはめて、適時開示が必要か否かを判断（※を付していない開示基準には連結財務諸表上の数値のみを当てはめて判断）。また、「当期純利益」を用いた開示基準は「親会社株主に帰属する当期純利益」に置き換えて適用。

・IFRS適用会社の場合、「経常利益」を用いた開示基準は適用されず、また、「当期純利益」を用いた開示基準は「親会社の所有者に帰属する当期利益」に置き換えて適用。

資料

事実	開示基準		
災害に起因する損害又は業務遂行の過程で生じた損害	前期末における純資産額の3%以上※		
	前期の経常利益*1 の30%以上		
	前期の当期純利益*2 の30%以上		
主要株主の異動・主要株主である筆頭株主の異動	すべて開示		
上場廃止の原因となる事実	すべて開示		
訴訟の提起（被告側）	訴訟の目的の価額が前期末における純資産額の15%以上※		
	直ちに敗訴した場合	翌3期間のいずれかにおける売上高の減少見込額が前期の売上高の10%以上※	
開示が必要な訴訟の提起（被告側）の経過	全部又は一部について判決があった場合		
	全部が裁判によらずに完結した場合		
	一部が裁判によらずに完結した場合	給付する財産の見込額が前期末における純資産額の3%以上※	
		翌3期間のいずれかにおける売上高の減少見込額が前期の売上高の10%以上※	

157

資　料　適時開示の基準

		翌3期間のいずれかにおける経常利益の減少見込額が前期の経常利益*1の30%以上
		翌3期間のいずれかにおける当期純利益の減少見込額が前期の当期純利益*2の30%以上
開示が不要な訴訟の提起（被告側）の経過（判決があった場合・全部又は一部が裁判によらずに完結した場合）	給付する財産の見込額が前期末における純資産額の3%以上※	
	翌3期間のいずれかにおける	売上高の減少見込額が前期の売上高の10%以上※
		経常利益の減少見込額が前期の経常利益*1の30%以上
		当期純利益の減少見込額が前期の当期純利益*2の30%以上
仮処分命令の申立てがなされた場合	直ちに仮処分命令が発せられた場合	翌3期間のいずれかにおける売上高の減少見込額が前期の売上高の10%以上※
開示が必要な仮処分命令の申立ての経過	申立てについて裁判があった場合	
	申立てに係る手続の全部が裁判によらずに完結した場合	
	申立てに係る手続の一部が裁判によらずに完結した場合	翌3期間のいずれかにおける売上高の減少見込額が前期の売上高の10%以上※
		翌3期間のいずれかにおける経常利益の減少見込額が前期の経常利益*1の30%以上
		翌3期間のいずれかにおける当期純利益の減少見込額が前期の当期純利益*2の30%以上
開示が不要な仮処分命令の申立ての経過（裁判があった場合・全部又は一部が裁判によらずに完結した場合）	翌3期間のいずれかにおける	売上高の減少見込額が前期の売上高の10%以上※
		経常利益の減少見込額が前期の経常利益*1の30%以上
		当期純利益の減少見込額が前期の当期純利益*2の30%以上
行政庁による法令等に基づく処分又は行政庁による法令違反に係る告発	翌3期間のいずれかにおける売上高の減少見込額が前期の売上高の10%以上※	
	告発を受けた事業部門等の前期の売上高の総売上高に占める比率が10%以上	

2 発生事実の開示基準

支配株主の異動・上場会社が他の会社の関連会社である場合における当該他の会社の異動	すべて開示	
破産手続開始、再生手続開始、更生手続開始又は企業担保権の実行の申立て又は通告	すべて開示	
手形等の不渡り又は手形交換所による取引停止処分	すべて開示	
親会社等に係る破産手続開始、再生手続開始、更生手続開始又は企業担保権の実行の申立て又は通告	すべて開示	
債権の取立不能又は取立遅延	取立不能又は取立遅延のおそれのある額が	前期末における純資産額の3%以上※
		前期の経常利益*1の30%以上
		前期の当期純利益*2の30%以上
取引先との取引停止	翌3期間のいずれかにおける売上高の減少見込額が前期の売上高の10%以上※	
債務免除等の金融支援	支援額が前期末における債務の総額の10%以上※	
	経常利益の増加見込額が前期の経常利益*1の30%以上	
	当期純利益の増加見込額が前期の当期純利益*2の30%以上	
資源の発見	翌3期間のいずれかにおける売上高の増加見込額が前期の売上高の10%以上※	
特別支配株主が上場会社に係る株式等売渡請求を行うことについての決定をしたこと又は当該特別支配株主が当該決定に係る株式等売渡請求を行わないことを決定したこと	すべて開示	

資料

資　料　適時開示の基準

株式又は新株予約権若しくは新株予約権付社債の発行差止請求	すべて開示
株主総会の招集請求	すべて開示
有価証券の含み損	前期の経常利益*1 の 30％以上
	前期の当期純利益*2 の 30％以上
社債に係る期限の利益の喪失	すべて開示
上場債券に関する権利に係る重要な事実等	すべて開示
公認会計士等の異動	すべて開示
有価証券報告書又は四半期報告書の提出遅延	すべて開示
有価証券報告書又は四半期報告書の提出延長の承認	すべて開示
継続企業の前提に関する事項の監査意見の対象からの除外	すべて開示
内部統制報告書に添付される内部統制監査報告書について、「不適正意見」又は「意見の表明をしない」旨が記載されることとなったこと	すべて開示
株式事務代行委託契約の解除通知の受領等	すべて開示

＊1　前期の経常利益が前期の売上高の 2％未満の場合は、以下の①と②のいずれか大きい額に置き換える。
　　①　直前 5 期間の経常利益の平均（赤字は 0 として計算）
　　②　前期の売上高の 2％
＊2　前期の当期純利益が前期の売上高の 1％未満の場合は、以下の①と②のいずれか大きい額に置き換える。
　　①　直前 5 期間の当期純利益の平均（赤字は 0 として計算）
　　②　前期の売上高の 1％

3 子会社における決定事実の開示基準

・IFRS 適用会社の場合、「連結経常利益」を用いた開示基準は適用されず、また、「親会社株主に帰属する当期純利益」を用いた開示基準は「親会社の所有者に帰属する当期利益」に置き換えて適用。

資料

事実	開示基準
株式交換	連結総資産の増減見込額が前期末における連結純資産額の30%以上
	連結売上高の増減見込額が前期の連結売上高の10%以上
	連結経常利益の増減見込額が前期の連結経常利益[1]の30%以上
	親会社株主に帰属する当期純利益の増減見込額が前期の親会社株主に帰属する当期純利益[2]の30%以上
株式移転	連結総資産の増減見込額が前期末における連結純資産額の30%以上
	連結売上高の増減見込額が前期の連結売上高の10%以上
	連結経常利益の増減見込額が前期の連結経常利益[1]の30%以上
	親会社株主に帰属する当期純利益の増減見込額が前期の親会社株主に帰属する当期純利益[2]の30%以上
合併	連結総資産の増減見込額が前期末における連結純資産額の30%以上
	連結売上高の増減見込額が前期の連結売上高の10%以上
	連結経常利益の増減見込額が前期の連結経常利益[1]の30%以上
	親会社株主に帰属する当期純利益の増減見込額が前期の親会社株主に帰属する当期純利益[2]の30%以上
会社分割	連結総資産の増減見込額が前期末における連結純資産額の30%以上
	連結売上高の増減見込額が前期の連結売上高の10%以上
	連結経常利益の増減見込額が前期の連結経常利益[1]の30%以上

161

資　料　適時開示の基準

	親会社株主に帰属する当期純利益の増減見込額が前期の親会社株主に帰属する当期純利益[*2]の30%以上
事業の譲渡	連結総資産の減少見込額が前期末における連結純資産額の30%以上
	連結売上高の減少見込額が前期の連結売上高の10%以上
	連結経常利益の増減見込額が前期の連結経常利益[*1]の30%以上
	親会社株主に帰属する当期純利益の増減見込額が前期の親会社株主に帰属する当期純利益[*2]の30%以上
事業の譲受け	連結総資産の増加見込額が前期末における連結純資産額の30%以上
	連結売上高の増加見込額が前期の連結売上高の10%以上
	連結経常利益の増減見込額が前期の連結経常利益[*1]の30%以上
	親会社株主に帰属する当期純利益の増減見込額が前期の親会社株主に帰属する当期純利益[*2]の30%以上
解散	連結総資産の減少見込額が前期末における連結純資産額の30%以上
	連結売上高の減少見込額が前期の連結売上高の10%以上
	連結経常利益の増減見込額が前期の連結経常利益[*1]の30%以上
	親会社株主に帰属する当期純利益の増減見込額が前期の親会社株主に帰属する当期純利益[*2]の30%以上
新製品又は新技術の企業化	翌3期間のいずれかにおける連結売上高の増加見込額が前期の連結売上高の10%以上
	特別に支出する見込額が前期末における連結の固定資産の帳簿価額の10%以上
業務提携	翌3期間のいずれかにおける連結売上高の増加見込額が前期の連結売上高の10%以上
資本提携を伴う業務提携[*3]	株式を取得する場合、取得価額が前期末における連結純資産額と資本金の額の大きい方の10%以上
	株式を取得される場合、取得される株式の取得価額が前期末における連結純資産額と資本金の額の大きい方の10%以上

3　子会社における決定事実の開示基準

合弁会社設立[*3]	合弁会社の翌3期間のいずれかの	期末における総資産の予想帳簿価額に出資比率を乗じたものが前期末における連結純資産額の30%以上
		予想売上高に出資比率を乗じたものが前期の連結売上高の10%以上
孫会社取得	新孫会社の資本金の額が資本金の10%以上[*4]	
	前期における新孫会社との仕入又は売上取引高が総仕入又は総売上高の10%以上	
	新孫会社の前期の	期末における総資産の帳簿価額が前期末における連結純資産額の30%以上
		売上高が前期の連結売上高の10%以上
		経常利益が前期の連結経常利益[*1]の30%以上
		当期純利益が前期の親会社株主に帰属する当期純利益[*2]の30%以上
	新孫会社取得の対価の額が前期末における連結純資産額の15%以上[*5]	
孫会社の売却	孫会社の資本金の額が資本金の10%以上	
	前期における孫会社との仕入又は売上取引高が総仕入又は総売上高の10%以上	
	孫会社の前期の	期末における総資産の帳簿価額が前期末における連結純資産額の30%以上
		売上高が前期の連結売上高の10%以上
		経常利益が前期の連結経常利益[*1]の30%以上
		当期純利益が前期の親会社株主に帰属する当期純利益[*2]の30%以上
孫会社の設立	孫会社の資本金の額が資本金の10%以上	
	孫会社の翌3期間のいずれかにおける	孫会社との仕入又は売上取引高の見込額が前期の総仕入又は総売上高の10%以上
		期末における総資産の帳簿価額の見込額が前期末における連結純資産額の30%以上

資料

資　料　適時開示の基準

		売上高の見込額が前期の連結売上高の 10％以上
		経常利益の見込額が前期の連結経常利益[*1] の 30％以上
		当期純利益の見込額が前期の親会社株主に帰属する当期純利益[*2] の 30％以上
固定資産の譲渡		連結総資産の減少見込額が前期末における連結純資産額の 30％以上
		連結経常利益の増減見込額が前期の連結経常利益[*1] の 30％以上
		親会社株主に帰属する当期純利益の増減見込額が前期の親会社株主に帰属する当期純利益[*2] の 30％以上
固定資産の取得		連結総資産の増加見込額が前期末における連結純資産額の 30％以上
リースによる固定資産の賃貸		賃貸する固定資産の帳簿価額が前期末における連結純資産額の 30％以上
リースによる固定資産の賃借		リース金額の合計見込額が前期末における連結純資産額の 30％以上
事業の全部又は一部の休止又は廃止	翌 3 期間のいずれかにおける	連結売上高の減少見込額が前期の連結売上高の 10％以上
		連結経常利益の増減見込額が前期の連結経常利益[*1] の 30％以上
		親会社株主に帰属する当期純利益の増減見込額が前期の親会社株主に帰属する当期純利益[*2] の 30％以上
破産手続開始、再生手続開始又は更生手続開始の申立て	すべて開示	
新たな事業の開始	翌 3 期間のいずれかにおける連結売上高の増加見込額が前期の連結売上高の 10％以上	
	特別に支出する見込額が前期末における連結の固定資産の帳簿価額の 10％以上	
公開買付け又は自己株式の公開買付け	すべて開示	
商号又は名称の変更	子会社の前期の	期末における総資産の帳簿価額が前期末における連結純資産額の 30％以上
		売上高が前期の連結売上高の 10％以上

3　子会社における決定事実の開示基準

		経常利益が前期の連結経常利益[*1]の30%以上
		当期純利益が前期の親会社株主に帰属する当期純利益[*2]の30%以上
預金保険法に基づく申出	すべて開示	
特定調停法に基づく申立て	希望する調停条項において調停の対象とする金銭債務の総額が前期末における連結の債務の総額の10%以上	

*1　前期の連結経常利益が前期の連結売上高の2%未満の場合は、以下の①と②のいずれか大きい額に置き換える。
　　①　直前5期間の連結経常利益の平均（赤字は0として計算）
　　②　前期の連結売上高の2%
*2　前期の親会社株主に帰属する当期純利益が前期の連結売上高の1%未満の場合は、以下の①と②のいずれか大きい額に置き換える。
　　①　直前5期間の親会社株主に帰属する当期純利益の平均（赤字は0として計算）
　　②　前期の連結売上高の1%
*3　この開示基準に該当しなくても、業務提携の開示基準に該当すれば、開示が必要になる。
*4　孫会社取得に伴い新孫会社の資本金の額が増加する場合は、増加した資本金の額を用いて適時開示が必要か否かを判断する。
*5　新孫会社取得の対価の額には、株式または持分の売買代金、孫会社取得にあたって支払う手数料、報酬その他の費用等の額が含まれる。また、他に一連の行為として行われる子会社取得および孫会社取得（実質的に一体のものと認められる子会社取得および孫会社取得）がある場合は、その対価もあわせて適時開示が必要か否かを判断する。

資料

4　子会社における発生事実の開示基準

・IFRS 適用会社の場合、「連結経常利益」を用いた開示基準は適用されず、また、「親会社株主に帰属する当期純利益」を用いた開示基準は「親会社の所有者に帰属する当期利益」に置き換えて適用。

事実	開示基準		
災害に起因する損害又は業務遂行の過程で生じた損害	前期末における連結純資産額の 3%以上		
	前期の連結経常利益[*1] の 30%以上		
	前期の親会社株主に帰属する当期純利益[*2] の 30%以上		
訴訟の提起（被告側）	訴訟の目的の価額が前期末における連結純資産額の 15%以上		
	直ちに敗訴した場合	翌 3 期間のいずれかにおける連結売上高の減少見込額が前期の連結売上高の 10%以上	
開示が必要な訴訟の提起（被告側）の経過	全部又は一部について判決があった場合		
	全部が裁判によらずに完結した場合		
	一部が裁判によらずに完結した場合	給付する財産の見込額が前期末における連結純資産額の 3%以上	
		翌 3 期間のいずれかにおける連結売上高の減少見込額が前期の連結売上高の 10%以上	
		翌 3 期間のいずれかにおける連結経常利益の減少見込額が前期の連結経常利益[*1] の 30%以上	
		翌 3 期間のいずれかにおける親会社株主に帰属する当期純利益の減少見込額が前期の親会社株主に帰属する当期純利益[*2] の 30%以上	
開示が不要な訴訟の提起（被告側）の経過（判決があった場合・全部又は一部が裁判によらずに完結した場合）	給付する財産の見込額が前期末における連結純資産額の 3%以上		

4　子会社における発生事実の開示基準

	翌3期間のいずれかにおける	連結売上高の減少見込額が前期の連結売上高の10%以上
		連結経常利益の減少見込額が前期の連結経常利益[*1]の30%以上
		親会社株主に帰属する当期純利益の減少見込額が前期の親会社株主に帰属する当期純利益[*2]の30%以上
仮処分命令の申立てがなされた場合	直ちに仮処分命令が発せられた場合	翌3期間のいずれかにおける連結売上高の減少見込額が前期の連結売上高の10%以上
開示が必要な仮処分命令の申立ての経過	申立てについて裁判があった場合	
	申立てに係る手続の全部が裁判によらずに完結した場合	
	申立てに係る手続の一部が裁判によらずに完結した場合	翌3期間のいずれかにおける連結売上高の減少見込額が前期の連結売上高の10%以上
		翌3期間のいずれかにおける連結経常利益の減少見込額が前期の連結経常利益[*1]の30%以上
		翌3期間のいずれかにおける親会社株主に帰属する当期純利益の減少見込額が前期の親会社株主に帰属する当期純利益[*2]の30%以上
開示が不要な仮処分命令の申立ての経過（裁判があった場合・全部又は一部が裁判によらずに完結した場合）	翌3期間のいずれかにおける	連結売上高の減少見込額が前期の連結売上高の10%以上
		連結経常利益の減少見込額が前期の連結経常利益[*1]の30%以上
		親会社株主に帰属する当期純利益の減少見込額が前期の親会社株主に帰属する当期純利益[*2]の30%以上
行政庁による法令等に基づく処分又は行政庁による法令違反に係る告発	翌3期間のいずれかにおける連結売上高の減少見込額が前期の連結売上高の10%以上	
	告発を受けた事業部門等の前期の売上高の連結売上高に占める比率が10%以上	
破産手続開始、再生手続開始、更生手続開始又は企業担保権の実行の申立て又は通告	すべて開示	

資料

167

資　料　適時開示の基準

手形等の不渡り又は手形交換所による取引停止処分	すべて開示	
孫会社に係る破産手続開始、再生手続開始、更生手続開始又は企業担保権の実行の申立て又は通告	すべて開示	
債権の取立不能又は取立遅延	取立不能又は取立遅延のおそれのある額が	前期末における連結純資産額の3%以上
		前期の連結経常利益[*1]の30%以上
		前期の親会社株主に帰属する当期純利益[*2]の30%以上
取引先との取引停止	翌3期間のいずれかにおける連結売上高の減少見込額が前期の連結売上高の10%以上	
債務免除等の金融支援	支援額が前期末における連結の債務の総額の10%以上	
	連結経常利益の増加見込額が前期の連結経常利益[*1]の30%以上	
	親会社株主に帰属する当期純利益の増加見込額が前期の親会社株主に帰属する当期純利益[*2]の30%以上	
資源の発見	翌3期間のいずれかにおける連結売上高の増加見込額が前期の連結売上高の10%以上	

＊1　前期の連結経常利益が前期の連結売上高の2%未満の場合は、以下の①と②のいずれか大きい額に置き換える。
　　①　直前5期間の連結経常利益の平均（赤字は0として計算）
　　②　前期の連結売上高の2%
＊2　前期の親会社株主に帰属する当期純利益が前期の連結売上高の1%未満の場合は、以下の①と②のいずれか大きい額に置き換える。
　　①　直前5期間の親会社株主に帰属する当期純利益の平均（赤字は0として計算）
　　②　前期の連結売上高の1%

5　業績予想の修正の開示基準

- 連結財務諸表作成会社の連結業績においては、「当期純利益」を「親会社株主に帰属する当期純利益」に置き換える。
- IFRS 適用会社の場合、売上高、営業利益、税引前利益、当期利益、親会社の所有者に帰属する当期利益の予想値に関して開示が必要になる。

業績予想を開示している場合	前回予想値と、今回予想値又は当期実績値とを比較して、増減が	売上高	10%以上
		営業利益	30%以上
		経常利益	30%以上[*1]
		当期純利益	30%以上[*2]
業績予想を開示していない場合	前期実績値と、今回予想値又は当期実績値とを比較して、増減が	売上高	10%以上
		営業利益	30%以上
		経常利益	30%以上[*1]
		当期純利益	30%以上[*2]

[*1]　連結財務諸表作成会社の個別業績と上場子会社の業績においては、これとともに、増減が前期個別純資産額（資本金の額の方が大きい場合は、資本金と読み替える）の 5%以上である場合にのみ開示が必要になる（取引規制府令 51 条 2 号、55 条 2 項 2 号）。

[*2]　連結財務諸表作成会社の個別業績と上場子会社の業績においては、これとともに、増減が前期個別純資産額（資本金の額の方が大きい場合は、資本金と読み替える）の 2.5%以上である場合にのみ開示が必要になる（取引規制府令 51 条 3 号、55 条 2 項 3 号）。

索　引

あ

EPS …………………………………… 123

インサイダー取引規制 ………………… 8

EDINET …………………………… 7, 17

MBO ……………………………………… 78

大株主 ………………………………… 101

親会社 …………………………… 81, 104

親会社の異動 ………………………… 104

か

会計監査人 …………………………… 89

会社分割 ……………………………… 73

会社法 ………………… 16, 22, 89, 94

改善状況報告書 ……………………… 33

改善報告書 …………………………… 32

合併 …………………………………… 73

株式交換 ……………………………… 73

株式の売出し ………………………… 45

株式の希薄化 ………………………… 38

株式の発行 …………………………… 38

株式の分割 …………………………… 46

株式報酬型ストック・オプション …… 51

監査 ……………………………… 13, 121

監査等委員会設置会社への移行 …… 92

関連会社 ………………………… 81, 106

関連会社の異動 ……………………… 81

機関設計の変更 ……………………… 91

企業行動規範 ………………………… 34

希釈化率 ……………………………… 41

基準日 ………………………………… 94

期中平均株式数 ……………………… 124

業績予想の修正 ……… 3, 17, 22, 28, 136

業績連動型株式報酬制度……………… 20

業務遂行の過程で生じた損害 ……… 98

業務提携 ……………………………… 73

金融商品取引法 ………… 2, 13, 17, 36, 81, 89

金融商品取引法に基づく有価証券報告書等
の開示書類に関する電子開示システム …… 7

軽微基準 ……………………………… 150

決算短信 …………… 3, 13, 22, 26, 30, 120

決定事実 ………………… 3, 12, 21, 23

減資 …………………………………… 48

公開買付け …………………………… 17, 73

公開買付開始公告 …………………… 82

公開買付届出書 ……………………… 17, 82

口頭注意 ……………………………… 32

公認会計士等の異動 ………………… 12, 87

公認会計士等 ………………………… 89

公表措置 ……………………………… 32

子会社 …………………………… 81, 104

子会社の異動 ………………………… 73

子会社の決定事実 …………………… 4

171

子会社の発生事実 ································ 6
固定資産の取得 ····························· 73
固定資産の譲渡 ····························· 73
個別業績予想の修正 ····················· 137

さ

災害に起因する損害 ····················· 98
財務指標 ·································· 122
サマリー情報 ························ 26, 120

事業の譲渡 ································· 73
事業の譲受け ······························ 73
自己株式の公開買付け ················· 73
自己株式の取得 ····························· 47
自己株式の処分 ····························· 38
自己資本 ·································· 131
自己資本当期純利益率 ················· 131
執行役の異動 ······························ 86
支配株主の異動 ··························· 108
四半期決算短信 ········· 3, 13, 22, 26, 30, 120
四半期報告書 ····················· 13, 30, 121
四半期レビュー ··················· 14, 121
資本金の減少 ······························ 47
資本準備金の減少 ······················· 47
指名委員会等設置会社への移行 ·········· 92
主要株主である筆頭株主の異動 ·········· 102
主要株主の異動 ··························· 101
純資産配当率 ··························· 131
純投資 ···································· 77
準備金の減少 ······························ 47
上場契約違約金 ····························· 32
上場子会社における業績予想の修正 ···· 137
譲渡制限付株式報酬 ····················· 67

剰余金の配当 ··························· 146
新株予約権 ······························ 52
新株予約権付社債 ······················· 65

ストック・オプション ················· 51

潜在株式 ·································· 128
潜在株式調整後1株当たり当期純利益·· 128

増資 ······································ 48
総資産経常利益率 ······················· 130
その他の関係会社 ··················· 81, 106
その他の関係会社の異動 ················· 106
ソフトロー ······························ 36

た

第三者割当 ······························ 40
第三者割当増資の取扱いに関する指針··· 42
代表執行役の異動 ······················· 83
代表取締役の異動 ······················· 83
大量保有報告書 ··························· 110
単元株式数の減少 ······················· 46
単元株式数の定めの廃止 ················· 46

注意喚起 ·································· 31

TDnet ······························ 7, 17
TDnet データベースサービス ·········· 29
定款の変更 ······························ 91
定性的情報 ························ 122, 132
定量的情報 ······························ 122
適時開示 ·································· 2
適時開示情報閲覧サービス ··············· 7

索　引

適時開示情報伝達システム ……………… 7
転換社債型新株予約権付社債 …………… 65

特設注意市場銘柄 ………………………… 33
特別損失の発生 …………………………… 98
取締役の異動 ……………………………… 86

な

内部者取引規制 …………………………… 8

は

ハードロー ………………………………… 36
配当予想の修正 …………… 3, 17, 22, 28, 146
バスケット条項 ………………… 20, 81, 86
発生事実 ………………………… 6, 12, 21, 23

1株当たり純資産額 ……………………… 123
1株当たり当期純利益 …………………… 123

分配可能額 ………………………………… 48

変更報告書 ………………………………… 110

包括条項 ………………………… 20, 81, 86

ま

マネジメント・バイアウト ……………… 78
マネジメント・モデル …………………… 92

無償減資 …………………………………… 48

モニタリング・モデル …………………… 92

や

有価証券報告書 ………………… 13, 30, 121
有償減資 …………………………………… 48
有償ストック・オプション ……………… 51

ら

利益準備金の減少 ………………………… 47
臨時株主総会招集のための基準日設定 … 94

173

【著者紹介】

鈴木　広樹（すずき　ひろき）

公認会計士。事業創造大学院大学准教授。
早稲田大学政治経済学部卒業。証券会社で企業審査に従事した後、現職。

〈主要著書〉
『タイムリー・ディスクロージャー（適時開示）の実務』（税務研究会、2006年、
　2008年〔改訂増補版〕）
『株式投資に活かす適時開示』（国元書房、2007年）
『株式投資の基本－伸びる会社がわかる財務諸表の読み方』（税務経理協会、
　2010年）
『検証・裏口上場－不適当合併等の事例分析』（清文社、2013年）
『金融商品取引法における課徴金事例の分析Ⅰインサイダー取引編』（共著、商
　事法務、2012年）
『金融商品取引法における課徴金事例の分析Ⅱ虚偽記載編』（共著、商事法務、
　2012年）
『不適正な会計処理と再発防止策』（共著、清文社、2013年）
『適時開示の実務Q&A』（共著、商事法務、2016年、2018年〔第2版〕）
『税務コンプライアンスの実務』（編著、清文社、2015年）

2014年 2 月25日　初 版 発 行	
2014年 3 月25日　初版 2 刷発行	
2017年 6 月15日　第 2 版 発 行	
2019年 1 月25日　第2版2刷発行	
2021年 1 月 5 日　第 3 版 発 行	略称：適時開示（3）

適時開示実務入門（第3版）

著 者	ⓒ鈴 木 広 樹
発行者	中 島 治 久

発行所　**同文舘出版株式会社**

東京都千代田区神田神保町1 41　〒101-0051
電話 営業 (03)3294-1801　編集 (03)3294-1803
振替 00100-8-42935　http://www.dobunkan.co.jp

Printed in Japan 2021　　　　　　　　印刷・製本：萩原印刷

ISBN 978-4-495-19983-8

JCOPY 〈出版者著作権管理機構 委託出版物〉
本書の無断複製は著作権法上での例外を除き禁じられています。複製される
場合は，そのつど事前に，出版者著作権管理機構（電話 03-5244-5088，FAX
03-5244-5089，e-mail: info@jcopy.or.jp）の許諾を得てください。